世界惡女大全

桐生 操

譯者 陸蘭芝

前言
願望與真實

「壞女人有魅力！」男人常會這麼說。大部分的男人都希望此生能遇到有魅力的壞女人，即使被玩弄到失去理智也無所謂。

西方喜將惡女稱為「命運之女」，意謂危險的女性毀了男人，將他們原本平穩的命運玩弄於股掌之間，甚而推至永劫不復的深淵。

從古至今，小說、戲劇等文學作品常以不同方式描寫這類型的女性，例如王爾德的《莎樂美》（Oscar Wilde, *Salome*）、梅利美的《卡門》（Prosper Merimee, *Carmen*）、杜．莫利亞的《蝴蝶夢》（Daphne du Maurier, *Rebecca*），以及谷崎潤一郎的《痴人之愛》等。

現代社會中鮮少有像小說或是歷史上為了一逞野心而殺人、滅國的極端惡女，不過現實生活中倒不乏有一點壞又不會太壞的女人。

一般而言，女人天生具有賣弄風騷、故作姿態的特質。例如明明喜歡某人卻假裝討厭好讓對方心急，或是故意跟別的男人約會好讓他吃味，這種玩弄男人的手法司空見慣。

此外，有些婦女把每個月乖乖交出薪水袋的丈夫說成大型垃圾，視為製造麻煩的人；有人冷嘲熱諷丈夫沒出息；有人連煮一頓像樣的晚餐也不會，隨便用冷凍食品打發；還有人責怪婆婆不搬出去住……。放眼望去，這種惡女隨處可見。

有人說桐生操是「書寫惡女的高手」，也有人早就認定她們是「專寫惡女和壞人的作家」。其實，我們最初並非要寫「惡女」，而是打算寫「魅力女人」，沒想到結果卻寫成壞女人的故事。

並非文靜型的乖乖女缺乏魅力，而是太在乎別人想法和看法的人往往沒有特色，偏偏世上百分之九十九的人都過於平庸。

我們一心想書寫特立獨行、不在乎世人眼光、忠於自己欲望的女人，回頭一看，才發覺筆下全都是惡女和壞人。

一般人平日忍氣吞聲，看到有人敢為人所不能為，心中難免感到佩服和憧憬——很想跟書中人物一樣，放手一搏，嘗試自己不敢做的事，於是惡女和壞人的故事變得有趣了。原來，大家只是想抒發深藏心中的欲求罷了。

然而，「惡女」其實是男人先入為主的觀念所塑造出來的印象。這種惡女常常是美麗、性感、聰明，又深具魅力。

廣義而言，「像謎一樣的女人」、「反覆無常、難以捉摸的女人」、「宛如小女孩般天真爛漫的女人」，這些在男人眼中都是某種惡女。男人以一廂情願、自我陶醉的方式建構出壞女人群像；女人為了挑逗男人，也故意展現賣弄風騷的一面。

其實，「惡女」的封號可不是那麼容易就能獲得。她們豈止僅僅報復男人，就連周遭的無辜者都可能因為她們的野心和欲望而被犧牲，所以惡女之「惡」，超乎常人想像。

男人往往把女人分為「惡女」與「聖女」兩種類型。這樣並不能真正區分出女人的特性，因為現實生活中，女人多兼具這兩種特質。

每一位女性身上其實都有「惡女」的一面，但在男人支配的社會中，為了能順利傳宗接代、社會得以延續、維持和平與秩序，女人身上潛伏的「惡女」特質必須沉睡，只能表現出賢妻良母的一面。一旦女性的能力變強，思索到現狀如此荒謬，女人便從封閉的社會框架中解放出來，開始依隨自己的所思所想生活。簡而言之，就是「自我」的覺醒。

為了忠於真正的自我而生存，女人有時不得不使壞。為什麼呢？因為男人是制度與權威的動物，由男人所建構的社會，當然不適合生性活潑、自由的女人生存。因此，女人要擁有屬於女人的生活方式，不得不成為某種「惡女」，而這種生存方式對男性社會的存續造成威脅。

社會既是由男人所建構，即使有不妥之處，男人在考慮變革前往往已放棄有所為了。男人原本就比女人佔優勢，若一味採取防守的態勢只會更加顯得保守。此外，男人為了照顧妻兒、符合親友的期待，可說束縛重重，根本無法像女人一樣自由自在地選擇未來。

相形之下，女人從一開始就沒有什麼好失去的了，因此敢於冒險，果敢面對人生的勝負。世人對於這種作風大膽的女人，認為已經突破世俗規範，所以稱她們為「惡女」。

一般而言，男人生性比女人保守，容易墨守成規，故步自封。相對於此，女人具有彈性，對於新事物的接受力較強。男人批評女人追逐流行是膚淺幼稚的行為，換個角度來看，或許是女人比男人更懂得變通、思想更有彈性吧。

第三章　超級拜金女

第四章　權力欲薰心的惡女

第五章　撼動歷史的惡女

第六章　爲婚外情蠢蠢欲動的惡女

第十二章　爲男人命喪黃泉的惡女

第十三章　膽大妄爲的女罪犯

第一章

爲性痴狂的惡女

✠ 梅莎麗娜——妖豔風騷的典型蕩婦

「惡女」的魅力之一就是性感風騷，讓男人銷魂。「淫蕩」可說是成為壞女人的重要條件之一。

有的女人男伴不斷，有的女人則是跟某個特定男子如膠似漆。「淫蕩」一詞的說法各有不同，但是對男人而言，這個惡女特質是最棘手卻又最具魅力的部分。

對男人而言，女人性感的確是一種魅力，然而過於大膽奔放或是水性楊花的女人則會令男人憂心。例如法國影星碧姬．芭杜魅力十足，讓人以為她不可能一個男人就滿足，一定會因為新歡而放棄舊愛，男人覺得她給人的印象就是如此。

男人的確容易被這種女人吸引。狡猾的男人希望把兩種類型的女人據為己有：文靜賢淑的女人當妻子，熱情奔放卻讓人放心不下的女人則當情婦。如果同時擁有這兩種截然不同性格的情人是最理想不過了。

說到情欲奔放的壞女人，以下介紹幾個蕩婦。

古羅馬皇帝克勞迪渥斯（Claudius）的皇后梅莎麗娜（Messalina）正是這個典型的代表，她是個妖豔的美女，十五歲時嫁給比她年長三十五歲的第四代羅馬皇帝克勞迪渥斯。

這看來是一樁天賜良緣，實則不然。克勞迪渥斯從小罹患疾病，下肢行動不便，經常口淌唾液，家人喚他作白痴。此外，他年老體衰，無法滿足年輕妻子渴求的閨房之樂。

為欲求不滿所困擾的梅莎麗娜，經常晚上舉辦怪異的聚會。對有夫之婦來說，宴會派對正是最佳的外遇場合。夫妻相偕出席，一邊喝酒一邊伺機尋找外遇對象。一旦發現中意的男士，彼此眉來眼去，一情投意合便消失到其他房間裡。

此外，當時已婚婦女之間流行爭奪受歡迎的俊美男優。爭風吃醋的結果，有時會演變成流血事件，甚至還有人不惜拋夫棄子，最後與男優私奔。梅莎麗娜看中男優莫內斯戴，然而無論如何威脅利誘，他就是不從。於是，梅莎麗娜要求皇帝命令莫內斯戴服從她——沒想到皇帝還得扮演這樣的角色。

羅馬市民對於梅莎麗娜的行徑莫不嗤之以鼻。貴為皇后的她身邊男人不斷，不管是貴族、男優或是美男子，只要看對眼了就一定要弄到手；她甚至還潛入陋巷的妓院，打扮成妓女模樣拉客，極盡風騷之能事……。

謠傳，夜裡梅莎麗娜趁丈夫熟睡後，披上斗篷、遮住臉部，帶著奴婢偷偷溜出皇宮，然後鑽進胡同裡的妓院，她的房門上還掛著「柳姬絲嘉」的花名。她把乳頭抹成金黃色，下體塗上紅色，在男人中恣意尋歡。

到了打烊時間，梅莎麗娜經過一夜激情而疲憊不堪，眼窩和臉頰顯得憔悴、無神。一夜春宵後的梅莎麗娜這才不情願地回到皇帝的床上。真是厲害角色！

如果有誰膽敢批評，梅莎麗娜就會給他安上莫須有的罪名，迅速綁赴刑場。據說超過三百名的元老院貴族、軍人因而成了犧牲品。

然而，梅莎麗娜與青年執政官希利烏斯（Gaius Silius）墜入愛河後，生活從此改觀，她不再舉行奇怪的晚宴，也不會夜夜到妓院縱欲。她已委身心愛的男人，此時既非皇后也非蕩婦，而是沉浸在愛與被愛裡的平凡女人。

希利烏斯追問梅莎麗娜要選擇他還是皇帝，梅莎麗娜被迫表態，於是採取恐怖計畫：觸犯重婚罪、刺殺皇帝，讓兒子布利坦尼克斯（Britannicus）繼位，自己則掌握攝政權等。

克勞迪渥斯得知妻子秘密結婚時十分震怒。妻子縱情於聲色尚可寬恕，犯下重婚罪則另當別論，這不僅有辱皇帝的威權，也是攸關帝國整體的大問題。

結果梅莎麗娜和希利烏斯雙雙被捕，羅馬士兵高舉刀劍將兩人團團圍住，遞上匕首命令梅莎麗娜自裁，然而不知梅莎麗娜是眷戀生命還是對死亡恐懼，架在喉嚨上的匕首遲遲動不了手。奉皇帝之命前來的百人隊長情急之下，索性用自己的劍刺穿梅莎麗娜。

梅莎麗娜享年二十三歲，度過八年的皇后生涯。克勞迪渥斯得知妻子的死訊，默默不語，不聞不問，只是繼續用餐，旁人從他茫然的表情看不出他有什麼悲傷的地方。

✠ 瑪麗亞・露易莎——三位一體：淫窟老闆、妓女與小白臉

十八世紀，西班牙國王查理四世（Charles IV）的皇后瑪麗亞・露易莎（Maria Luisa）生性

愛好男體。由於丈夫醉心狩獵、製作鐵砲，無暇滿足妻子的欲望，她便召集宮中年輕的貴族，虎視眈眈逐一尋找獵物。泰巴伯爵、芬蒂斯伯爵、蘭卡斯托雷伯爵等人皆雀屏中選，成為皇后尋歡解悶的對象。她換男人的速度之快令人眼花撩亂。

瑪麗亞・露易莎兩眼炯炯有神、鷹勾鼻高大、腮幫子寬厚，談不上是個美人。她三十四歲時，一個名叫馬紐耶・歌德的禁衛兵常出入宮廷，年僅十八歲，外表俊俏，綽號「水仙花」，瑪麗亞・露易莎對他十分著迷。

受到皇后寵愛的歌德，仕途一帆風順，升遷速度之快令人驚訝。二十四歲時，成為中將，列席王室的秘密會議，被授封為阿克提亞侯爵，甚至第二年竟然官拜宰相……。

皇后和歌德根本沒把國王放在眼裡，兩人任憑喜好操弄政治。查理四世對於兩人的關係似乎不置可否，想將治理國政的任務交予兩人，自己只要能專心打獵和製造鐵砲就好。宮裡的人把國王、皇后和宰相三人稱為「人間的三位一體」，亦即「淫窟老闆、妓女與小白臉」，在暗地裡嘲諷不斷。

在哥雅的名畫《查理四世家族》（Francisco Goya, *Family of Charles IV*）中，瑪麗亞・露易莎特別把兩個孩子拉近身邊，據說都是與歌德所生。

歌德是個好色之徒，看到喜歡的女人就想辦法染指，經常召喚不同的女人進入他的辦公廳。瑪麗亞・露易莎得知後氣憤得大吵大鬧，而歌德竟然在眾人面前無情地毆打皇后。歌德公開結交美女情婦佩琵塔，開銷全用王室的名義。瑪麗亞・露易莎知情後忍無可忍，甚至派人將他逮捕。

瑪麗亞・露易莎召集宮廷裡的年輕貴族任其獵豔尋歡。

一八〇八年，拿破崙的軍隊攻進西班牙，民眾想趁這個機會逼退查理王、將歌德驅逐出境，於是武裝起義衝進阿朗菲斯宮殿。歌德被捕，查理王被迫在諸臣列席的場合以健康惡化為由退位，並起草正式公告。

後來即位西班牙王位的是拿破崙的哥哥約瑟夫・波拿多，即約瑟夫一世。國王一家仍保有爵位封號，並享有年金，但放逐海外。查理王、瑪麗亞・露易莎、歌德、瑪麗亞・露易莎和歌德所生的孩子東・法蘭西斯科，以及歌德和情婦佩琵塔所生的孩子，連同僕臣、侍女等，超過百人以上的隊伍，乘坐馬車展開流亡生涯。

雖然已一無所有，但是對瑪麗亞・露易莎而言，能與心愛的人在一起就謝天謝地了。倒是查理王變成痴呆老人，面臨年金遲付的窘境，加上身體無法適應法國北部的氣候，滿腹牢騷。一行人在馬賽、羅馬等地無止境地流浪。旅途中，瑪麗亞・露易莎和查理王分別於一八一九年的一月二日和十九日去世，兩人臨終前所看到的都是落魄走樣的「美男子」歌德。

查理王會失去王位，全是因為荒誕不經的「三位一體」政治。從這個角度來看，瑪麗亞・露易莎也算是「傾國傾城」的皇后了。

✠ 瑪歌皇后——十一歲就有三個情人的女色鬼

十六世紀法蘭西國王亨利二世與皇后凱薩琳・麥迪奇（Catherine de Medici）所生的女兒瑪格麗特・伐盧瓦（Margot de Valois），又名瑪歌皇后（Queen Margot），是法蘭西街頭巷尾的話題女王，素有「色情狂」、「品行不端的女人」等稱號。

瑪歌身材豐滿，性意識早熟，十一歲的時候已有三個情人。最初的對象是兩名侍從，但是瑪歌情欲奔放，不滿足地又再找一名侍從加入。四人在庭園的叢林中玩起性愛遊戲，盡情享受肉體之歡。

瑪歌甚至與自己的兄長查理、亨利、艾裘等人傳出亂倫。數年後，哥哥亨利批評她生活放蕩，她反擊說：「當初教我騎馬遊戲的就是你，難道你忘記了嗎？」

瑪歌年長之後，與掌握法蘭西天主教大權的亨利・吉茲公爵往來。吉茲公爵是個金髮碧眼的俊美青年，自稱是路易九世的親戚，一心想獲得法蘭西國王的寶座。

當時的法蘭西境內分裂為舊教與新教（即胡格諾派），雙方人馬都企圖奪取王位，掌控天下。吉茲公爵蓄意親近國王的妹妹瑪歌，即是深藏野心。

瑪歌與吉茲公爵在臥房中、庭園裡、樓梯上，不分晝夜地沉浸在性愛之中，謠傳兩人早已私訂終身。大哥查理與母后凱薩琳聞訊後大怒，把瑪歌叫進屋內鞭笞責問，最後她淌著鼻血、披頭散髮、襯裙撕裂，狼狽不堪地逃離現場。

瑪歌的不幸是從與胡格諾派的年輕領袖、納瓦爾王亨利（Hugenot King Henri of Navarre）的婚事開始。這樁由母親一手安排的政治婚姻，目的在使國內新、舊教能夠相安無事地共存。亨利是個在鄉下長大的醜男，美其名是王室出身，充其量不過是西班牙邊境的一個納瓦爾領地而已，更何況他還是一個新教徒……。

原本就是門戶懸殊的婚姻，最後甚至演變成「流血婚姻」。新教的戈里尼提督唆使查理九世出征西班牙，凱薩琳一怒之下命令暗殺戈里尼，並且屠殺全巴黎的胡格諾派教徒。

一五七二年八月二十四日，爆發歷史上著名的「聖巴赫特雷米大屠殺」（St. Bartholomew's Day Massacre）。納瓦爾國王好不容易保住一命，卻成為法蘭西王室的階下囚，被迫改信天主教。國王的女兒竟變成囚犯的妻子……。後來瑪歌說這段婚姻正是自己不幸的開始。

此時，已婚的瑪歌有一名情夫，正是弟弟艾袞的心腹拉莫爾。艾袞與拉莫爾密謀打倒查理九世，奪取王權。然而事跡敗露，拉莫爾被捕，遭到嚴刑拷打，最後被處斬。

傷痛欲絕的瑪歌展開前所未聞的大膽行動。接近午夜時分，她坐上馬車，放下簾幕，悄悄地前往刑場，拾起拉莫爾被砍落的首級用馬車運走。

回到宮中，瑪歌拭去首級上的污血和灰泥，為首級化妝，並做好防腐處理，她一邊流淚一邊親吻雙眼和嘴唇緊閉的愛人，許久不能自已。第二天，她把情人的首級模型用項鍊串起，心臟的模型則用衣鉤懸吊，身著喪服出現在宮中。瑪歌的妝扮性感撩人，從此獲得「淫婦瑪歌」的外號。

查理九世早逝，二哥亨利三世繼承王位，瑪歌因私生活不檢點為兄長唾棄，被送回納瓦爾丈夫的身邊。但是，瑪歌仍然風流韻事不斷，鬧得滿城風雨，連丈夫也不齒，再把她送回給兄長，兩邊就這樣互相推諉。

國王的胞弟艾裘去世後，掀起了三位亨利（亨利三世、吉茲公爵、納瓦爾王）的法蘭西王位爭奪戰。此時，瑪歌也打算發動叛變對抗親夫。

由於反對陣營的抵抗，瑪歌落敗，倉皇出逃，藏匿在歐威紐山中的卡拉特城堡，這次她勾引上的是一位名叫里涅拉克的地方官。總之，瑪歌不管到哪裡都會傳出戀情。後來瑪歌喜新厭舊，對里涅拉克置之不理，轉而愛上在她生病時悉心看護的侍從，妒火中燒的里涅拉克暗中躲在瑪歌的寢室，一刀砍死了情敵。

瑪歌與新戀人——貼身侍衛多比雅克——一起逃離卡拉特城堡，途中被哥哥亨利派遣的追兵逮捕。多比雅克遭處斬，瑪歌則被送至山上游松城堡的修道院，在那兒度過十八年的幽禁生活。

體態豐腴、性意識早熟的瑪歌皇后，十一歲就有三名情人。

但即使被幽禁，瑪歌仍然傳出情事。三十三歲的她風韻猶存，以豐滿的肉體為武器，誘惑看守大牢的士兵卡尼亞庫，最後她以在巴黎的宅邸作為交換條件，慫恿卡尼亞庫奪下游松城堡，瑪歌終於結束了十八年的幽禁歲月。

這段期間，吉茲公爵、亨利三世、凱薩琳．麥迪奇等重要人物相繼去世，瑪歌的夫婿納瓦爾王登上法蘭西國王寶座，稱號亨利四世。巴不得早一點繼承財產的亨利，再度提出離婚要求。瑪歌同意，條件是保證得到哥哥的財產繼承權、代為償還二十萬金幣的債務。

亨利四世後來與佛羅倫斯的富商麥迪奇家族的瑪莉結婚，瑪歌則在巴黎馬勒區的桑思館定居。明明可以安度餘生的瑪歌仍然本性不改，新的愛人是十八歲的俊美青年費爾蒙，但是不久又喜新厭舊，結交另一位同是少年郎的聖朱立安。

心有不甘的費爾蒙妒火中燒，趁著瑪歌和聖朱立安共乘馬車外出散步時，帶著手槍埋伏在他們回家的路上，伺機槍殺情敵。聖朱立安哀叫一聲便臥倒在瑪歌身上，鮮血飛濺到瑪歌雪白的胸脯上。

瑪歌雖然驚魂未定，但仍氣得揚言復仇，她掀開裙襬，卸下長襪的扣環交給警衛，下令道：「用這個立刻把兇手吊死。」士兵並未照辦，結果瑪歌絕食明志，表示兇手不落網她就不進食。第二天，費爾蒙被帶至桑思館的庭院，在她的面前活活斬首。

一六一〇年五月十三日，亨利四世遭暗殺，瑪歌在此後僅活了五年。她最後的情人是一名叫維拉爾的歌手。瑪歌因腎結石臥病在床，維拉爾許願祝禱她早日康復，發誓只要瑪歌痊癒，他便徒步前往距離巴黎西南方四十公里的聖母院還願。據說瑪歌病情確實一度好轉，維拉爾於是步行朝聖，瑪歌則乘坐馬車跟隨在後。

瑪歌的健康再度惡化，於一六一五年三月二十六日去世，享年六十二歲。她直到臨終前仍是戀情頻傳，度過情色皇后的傳奇一生。

✠ 武則天——偏愛大尺寸的女皇

武則天是唐高宗的皇后，在高宗死後自稱為「聖神皇帝」，實行恐怖政治，是一位人見人怕的女皇。此外，她還以擁有特大號的陰道而馳名。

有一天，小偷趁武后不在時進到屋內，侍女們急忙拿起貴重的珠寶逃走，小偷只好搬走架上純金的大型飾品。事後侍女們笑著說：「要是武后在的話，那個飾品就不會有事了。」

武則天這樣的奇女子不是普通男人就能滿足。她只要聽說誰以陽具自誇，便不容分說立刻把人找來，受到寵幸的男人當中，尤以薛懷義和張易之、張昌宗兩兄弟，以及如意等人最受其青睞。

薛懷義原來是洛陽街上的藥商，武后召他入宮後，一試之下果真如傳言般雄壯威武。據說，薛懷義晚上一展雄風，帶給武則天無比的快感。當時的武則天已是七十多歲的婦人，寶刀未老，令人嘖嘖稱奇。

受到武后寵幸的薛懷義藉此耀武揚威，最後惹禍上身，連家臣也被連累處斬。薛懷義死後，武則天撫觸他動也不動的下體，悲傷落淚地說：「跟『它』也要告別了。」

接著出現的是張易之、張昌宗兩兄弟，都是俊俏非凡的美男子，雙頰抹胭脂，口含雞舌香，對於春藥素有研究，當然陽具之大也令人咋舌。此外，他倆還以獨門絕招討武則天的歡心。

之後登場的如意擁有足以嚇退女人的四十五公分巨大陽具。據說他曾召來風塵女子尋歡作樂，一上床女方嚇得花容失色，逃之夭夭。聞此流言的武則天召他入宮，關上房門看見他的「巨根」後，大吃一驚。她提心吊膽放手一搏之後，據說沉溺在無比的滿足與歡樂之中。

✠ 河間之女——「你有手吧！」

唐朝還有一位著名的「河間之女」。她原是事親至孝、不事二夫的賢妻良母型女性。丈夫的親戚中有人想對她惡作劇，便設計引誘她。

有一天，親戚的同夥把她誘出家門，帶到一間寺院，邀她在某間客房中一邊用餐一邊觀賞女侍跳舞。從窗戶旁的牆壁中突然跳出一名男子。原來牆壁有兩層，男子事先藏匿在夾層裡面等待機會下手。

男子一把抓住想逃跑的河間的手腕，將她帶進寢室，假裝要非禮她。河間死命抵抗、大叫：「放開我！」但終究被壓倒。就在這一瞬間，河間感受到前所未有的刺激感，抵抗的手竟然不由自主地放鬆，彷彿變了另一個人似地，即使親戚在一旁觀看也毫不在意，繼續恣意狂野。連晚飯準備好了叫她吃飯，她仍然緊抱著男人，拒絕離開。

第二天，河間的丈夫前來接她，逼她回家。她難忘曾有的快感，怪罪丈夫妨礙她的興致，甚至設下圈套謀殺親夫。河間後來把當初假戲真做的男子帶回家中，兩人從大白天就開始翻雲覆雨。等到男子無力為繼，立刻被趕出大門，再換不同的男人進屋狂歡。

河間甚至在庭院擺起酒鋪，要婢女在門口拉客。男人被帶進二樓交歡時，河間也不忘盯著樓下，以免錯失了好貨色。據說有一名自信能令女人滿意的男人慕名前來，結果河間竟無法滿足，頻發牢騷，等到男方已招架不住時，她大叫：「你有手吧？用手來啊！」數年之後，她也因為縱欲過度而氣數殆盡。

然而，貞操帶不過是男主人自我安慰的工具罷了。聲稱出門作戰的丈夫其實是在外遊蕩，了解內情的妻子可不會乖乖在家等待。貞操帶出現後不久，男主人便面臨強敵——製作貞操帶鑰匙的鎖匠因應而生了。

妻子趁丈夫外出時，立刻打造另一把鑰匙將貞操帶卸下來，盡情享受情欲。有的人甚至配了五、六支鑰匙，交由不同的男人保管。拜此商機之賜，貞操帶的產地——義大利北部佩加摩的冶鐵工廠——因為製作鑰匙的副業而大發利市。

究竟，誰才是真正的贏家呢？

貞操帶

中世紀時的社會允許丈夫外遇，但是法律上卻嚴禁妻子偷人。妻子一旦出軌，即使被殺也不能有絲毫怨言。例如傑貝尼伯爵夫人不忠時，伯爵立刻殺了她的外遇對象，甚至逼迫妻子選擇喝下毒藥或用匕首自盡。

然而不管如何嚴禁，紅杏出牆的人數仍然持續增加。惡名昭彰的「貞操帶」於是登場。中世紀時的歐洲，貴族因為十字軍東征離家前往戰場，為防範妻子偷人，發明了貞操帶。也有一說是義大利商人長期出外經商，擔心妻子不忠而訂製，各種傳說紛紜。

貞操帶是一種用鐵製成的像襠布的東西，由圍住腰部的帶子和覆蓋股間的遮板組成，格子狀的構造中用金屬片牢牢地焊住。為了使穿戴的人不致因為摩擦而疼痛，腰帶內層鋪上天鵝絨。此外，為了方便如廁，在防護重要部位的板子上，前後都各開一個小孔。但孔洞的周圍呈鋸齒狀，就算有人心生歹念想要強行進入也不可能得逞。

貞操帶上有一個非常牢固的鎖，鑰匙由丈夫保管，當他參加戰役或出遠門時，上鎖之後便把鑰匙放在口袋裡一起帶走。

第二章

極度殘暴的惡女

✠伊莉莎白・巴托利——殺害七百名少女，採集鮮血沐浴

美麗壞女人往往心懷「殘酷」。女人常被說成比男人兇狠，這或許是因為女人凡事比男人隱忍，長期壓抑自己的欲望，而殘酷正是物極必反的結果。有時候則是為了排除異己奪取權力，不得不訴諸殘酷的手段；但也有常常只是單純為了滿足深藏心中的邪惡或殘酷念頭而已。

外表端莊美麗的女子突然表情變得冷酷時，會散發某種性感的氣息。此時男人甚至會覺得：「為這種女人下地獄也值得。」

說到殘虐的壞女人，排名第一的非十六世紀匈牙利大貴族之女伊莉莎白・巴托利（Elizabeth Bathory）莫屬。據說她曾殺害近七百名無辜少女，甚至用她們的鮮血泡澡，藉以養顏美容。

伊莉莎白為何醉心於「鮮血浴」？原本她對自己的美貌信心滿滿，然而生下四個兒子後，皮膚出現了斑點和皺紋。伊莉莎白為此煩惱不已，一直苦於找不到改善的方法。有一天，新來的婢女在鏡前為伊莉莎白梳頭，因為笨手笨腳惹人厭，伊莉莎白冷不防揚手一揮，就在摑打婢女的臉時，戒指劃過婢女的臉頰，噴出一滴鮮血。伊莉莎白發覺被鮮血濺到的地方比其他地方更顯嬌豔，因此確信已經找到最新的美容方法。

伊莉莎白立刻反綁婢女的雙手，脫光她的衣服，將她推進浴盆裡，並命令男僕用繩索將其捆綁，再由一名女僕鞭打全身，另一名則切剮她的身體。

用繩索綁住手腕具有止血作用，婢女在盆中痛苦得不斷扭滾，鮮血像蓮蓬頭的水柱飛濺射出。等她流盡最後一滴血斷了氣時才被移出。伊莉莎白裸身將腳浸入鮮血中，一面發出喜悅的叫聲，一面用手掌掬捧鮮血塗抹全身。

從此婢女便不時為了尋找健康的少女而在村中走動，無辜犧牲的少女據說多達六、七百人。少女被帶進城裡，全身洗淨關在地牢裡，每天都有豐盛營養的食物。因為伊莉莎白深信養得越肥，血質越佳，美容效果也越好。

她虐殺少女的方法千奇百怪，例如：將少女裸身捆綁在木樁上、全身塗抹蜂蜜置於戶外任螞蟻或蚊蠅叮咬、將燒紅的火棒刺入少女喉嚨深處、用粗針將雙唇縫緊、將炙熱的燙髮鉗貼在臉頰、以雙手扣住嘴巴用力向兩邊拉扯……。

中世紀的刑求工具「鐵處女」也常被使用。這個人偶工具與真人一樣大，按下它胸前的按鈕，人偶會張開雙手抓住站在前方的囚犯手腕。當人偶的胸前兩扇門打開時，裡面是中空狀，佈滿無數的尖針。被抓進人偶中的少女遭尖針刺進全身，肉身將被割裂、血被擰盡，最後因痛苦不堪而斷氣。

有時則會準備大型的鐵製鳥籠，空間足可讓一人蹲進。男僕將少女押來，剝掉她的衣服後送進籠中，再用滑輪把鳥籠吊起。男僕按下牆壁上的開關，鳥籠內側萬針齊射。困在籠中的少女拚命護著身體，此時鳥籠在空中左右搖晃，少女的身體留下一道道的割傷，鮮血則從籠底的小孔流出，直接注入下面的浴盆……。

伊莉莎白·巴托利殘殺近七百名女子，以其鮮血沐浴。她愛用「鐵處女」作為拷打的工具，並認為用鮮血泡澡是一種美容良方。

此外，還有更不可思議的整人方式。某個冬天，伊莉莎白乘坐馬車散步的途中，突然要馬車停在湖邊，並命令坐在一旁的婢女下車。隨從拎著火把，不一會兒就把這名婢女的衣服剝光。婢女在寒風中凍得全身發紫、嘎嘎打顫、失聲大叫，兩旁的男僕牢牢抓住她的身體，令她動彈不得。

同一時間，男僕手握十字鎬敲打結冰的湖面，從湖中取出冰凍的湖水，緩緩澆在婢女的身上，婢女受不了刺骨的冰水，滿地打滾。零下幾十度的冰水在她的皮膚上結凍，第二次、第三次的冰水再淋上去時，冰層越變越厚。

就這樣婢女變成了半透明的人像。最後伊莉莎白從馬車下來，身披奢華的皮草走近婢女，繞了一圈，發覺冰像還有微弱的氣息，便愉快地大笑說：「真可惜，沒辦法把這尊像帶回家當裝飾品！」

她將活生生的冰像棄之於雪地，然後像什麼也沒發生似地再度出發。

伊莉莎白不放過農夫的女兒，就連貴族的女兒她也伸出魔掌。一六一〇年十二月底，政府當局突檢伊莉莎白居住的切堤城（Castle Csejthe）。一行人手持火把走下地牢，眼前的景象令人觸目驚心。棺木堆得像座山，床上散落血跡斑斑的鑿子、鉗子和烙鐵，已經斑駁生鏽的「鐵處女」靜靜躺在箱中。搜索人員掀開床上用大毛巾包裹的不明物體，竟出現兩具手腳被斬斷、全身是孔的少女屍骸。

伊莉莎白被捕後囚禁在切堤城的密室，只留一個送食物和飲水的小窗。她被囚禁三年半，死於一六一四年八月二十一日，得年五十四歲。去世的時候身體像孩童般瘦小，臉上佈滿皺紋，昔日美貌已消失得無影無蹤。

✠ 琴高女王——將人活生生丟進輾粉機絞碎

十七世紀，非洲西南部安哥拉帝國的琴高女王有吃人肉的習慣，據說兩天內便殺食了一百三十名幼童。

有一天，黝黑壯碩的戰士奉命在女王面前打鬥。戰勝者有機會與女王共度良宵，然而激烈的做愛之後，往往還是難逃一死。琴高女王看到男體迸出鮮血，特別容易興奮。

琴高女王建造自己專屬的後宮，從全國各地找來她中意的男人，他們的任務就是全心全意服侍女王，滿足她異於常人的性欲。

某日，女王從牢中挑選二十名壯漢，解開他們身上的鎖鏈後，命令他們在自己面前廝殺，直到一方戰死為止。戰勝的勇士被召集到女王面前，心中期待被釋放甚至獲得獎賞，未料最後等到的竟是恐怖的鞭刑。琴高女王親自毒打，直到勇士被鞭笞至死。

女王的殘暴無道越演越烈。有一回，她巡視地方，因為一名農夫微不足道的疏失而大怒，結果逮捕全村的居民並關進牢裡，連續數日禁水、禁食。某天，六百名村民突然被帶到宮殿的庭院，抬頭一看，眼前站著琴高女王，身邊則放置一部巨大的輾粉機。

女王臉上浮現殘酷而陰險的笑容，命令六百名村民在輾粉機前排成一列。才一轉眼的工夫，所有人被脫得一絲不掛，然後一個接著一個被扔進輾粉機，就這麼活生生地被輾死。

從無辜者身上絞出來的鮮血注滿盆中，然後被送至琴高女王的面前。當時盛傳飲用活人的鮮血可以永保青春。只見女王兩眼佈滿血絲，大口吸吮盆中的鮮血，嘴角兩端溢出紅色的鮮血，如此恐怖的景象令人毛骨悚然。

✠ 妲己——逼迫囚犯行走炙熱銅柱

西元前十一世紀的中國，殷商紂王的妃子妲己也是有名的殘酷壞女人。妲己是紂王征服有蘇部落奪得的戰利品，她天生具有奇特的魅力，令紂王十分著迷。

紂王為了妲己下令在庭園中蓋一座離宮，挖掘大池注酒入池，旁邊的林木則懸掛肉乾。園中流蕩著靡靡之音，裸身的男女在酒池中游泳、在肉林下用餐，紂王與妲己在一旁觀賞，兩人也沉浸在欲火之中，這就是有名的「酒池肉林」。

妲己甚至要奴隸持劍互相砍殺，她則與皇帝一邊飲酒一邊欣賞血淋淋的畫面。她很快就看膩了，建議說：「觀看如同家畜的奴隸互鬥沒意思，不如士兵作戰來得有趣。」於是改用士兵代替奴隸，觀賞他們廝殺搏鬥。

不久出現了反彈的聲音，妲己繼而想出「炮烙之刑」。把數根巨大的銅柱擦拭光亮，上面塗油，下面鋪設柴堆，點火焚燒，命令犯人在炙熱的銅柱上行走。

在光亮油滑的銅柱上行走非常困難，一旦滑落，便會墜入底下的火坑。為了不致掉落，犯人死命抱緊銅柱，然而下方竄起的火焰把銅柱燒熱，犯人的手腳會因緊抱銅柱而逐漸燙焦，再加上受不了嗆鼻的煙霧，終於因體力不支而鬆手，在燃燒的火焰中痛苦地死去。

妲己從高處欣賞殘暴的光景，臉上浮現快樂的笑靨，紂王則摟住妲己一起開懷大笑。

侍奉紂王的三公之中，九侯不服從王妃的命令，於是被切成肉條醃漬；之後的鄂侯也因為不服從紂王的命令而被處死，手腳都被切下曬成肉乾；看到這種情形的西伯逃回故國，獲得地方百姓的支持。大臣之中也有人無法坐視不理而加以勸諫，但是紂王充耳不聞。賢臣們擔心步上九侯被醃成肉乾的下場，於是紛紛逃至國外。

另一方面，周朝在西伯死後，其子發（即日後的周武王）揭竿反抗紂王。紂王率七十萬大軍迎戰，但將士們對紂王多年來累積的仇恨終於爆發出來，紛紛不戰而降，臨陣脫逃。

紂王倉皇逃回行都朝歌，臨死之際放火燒毀宮殿，無數寶物付之一炬，紂王與妲己也一起葬身火窟。傳承三十代、六百餘年的殷商，毀於一旦。

呂后──將丈夫的愛妃戚夫人變成「人彘」

西漢的呂后也是首屈一指的殘酷惡女，她的丈夫就是創立漢朝的漢高祖劉邦。劉邦乃平民出身，年輕時候曾任亭長，呂雉（即日後的呂后）的父親獨具慧眼，認為劉邦器宇不凡，將女兒下嫁給他。呂雉在丈夫創建漢朝前吃了不少苦頭，例如，劉邦為了與對手項羽爭奪勢力，呂雉長期成為項羽的人質遭到幽禁。

然而對身為女人的呂雉來說，最苦悶的莫過於丈夫在奪得天下後寵愛其他美女，對她這個元配不聞不問。劉邦晚年時特別寵愛身材窈窕的美女戚夫人，不論到哪裡都帶她同行，甚至打算廢除呂后所生的皇太子、重新立戚夫人的兒子如意為繼承人。

後來因為老臣反對，劉邦才打消此意，然而呂后懷恨在心，於丈夫死後便爆發所有不滿。漢高祖死後，呂后的兒子孝惠即位，呂后見時機成熟，展開復仇行動。

她首先逮捕高祖的愛妃戚夫人，剪去她的長髮、用枷鎖禁錮手腳，讓她像牛馬一樣拖著石磨。戚夫人一邊磨磨一邊感嘆地唱著：「子貴為王，母淪為囚，日日磨磨至暮，與死為鄰。」後來戚夫人的兒子如意並未成為皇太子，劉邦授意將他改立為趙王。

戚夫人的哀歌傳到呂后耳裡，呂后震怒，心想：「戚夫人一定是想利用兒子來報復我，不如我先下手為強。」於是把年僅十二歲的趙王如意哄騙到長安城，痛下毒手將他殺害。

接著呂后帶了兩名兇惡的犯人進入牢中，對戚夫人憎恨地說：「妳兒子已蒙先王寵召到陰間了。」戚夫人聽了痛哭失聲：「妳殺害我的兒子，乾脆連我也一起殺了，我在陰間與兒子變成鬼向妳報仇。」

呂后跟同來的犯人說：「隨你們處置！」便把戚夫人推給犯人。犯人逼戚夫人喝下毒藥、耳中灌入硫磺，又將她的眼珠挖出來。

戚夫人斷氣時還被潑冷水企圖讓她恢復知覺，她的雙手、雙腳被砍下來，身體則被丟進豬寮。呂后跟兒子孝惠帝說：「你到豬寮看看，裡面有好玩的人彘。」孝惠帝看後嚇得大病一場，二十三歲便駕崩了。

後來，漢朝成為呂后的舞台，呂后將自己的家族親友分封到全國各地為王侯，對於不服從的人則趕盡殺絕，數目多到連自己都記不得。呂后死後，政權又回到劉氏家族手中，實在是一大諷刺！

✠ 武則天——製作逼供指南書《告密羅織經》

唐高宗的愛妃武則天也是處心積慮想讓皇后失寵，為了奪權不惜殺害親生骨肉，甚至嫁禍他人，行為乖張，令人生厭。

武則天後來登上后座，將前任皇后裸身鞭打數百回，甚至切掉她的手足，再把身體丟入酒甕之中浸泡。王皇后在酒海裡苦撐兩天，最後含冤而死。

後來武后架空高宗，掌握實權，廢除皇太子李忠，由自己的兒子李顯繼任皇太子。高宗死後，李顯即帝位，但是武后罷黜李顯，掌握大權。她廢除唐朝，建立新的王朝——周——成為中國歷史上唯一的女皇帝。

如此惡毒的女人，令眾人十分反感。武后為了壓制反動、防止陰謀，建立了「密告制度」，這是名副其實的殘酷手段。

當時朝堂設「告密箱」，共有四匭：東邊的箱子用來投書求官，西箱作為投訴冤屈，南箱是投論朝政得失，北箱投告政治軍事機密。

表面上看來是為了聆聽百姓的心聲而設置，其實不然。武后特別重視「北箱」，使它成為陷害他人的罪藪。一旦被冠上罪名，即使是子虛烏有，本人與家族都會面臨殘酷的命運。

獲得武后信任的酷吏組成全國最大的密告組織，運用各式各樣的酷刑拷問逼供定罪，因而逮捕了許多無辜者。其中最為殘暴又受武后重用的罪魁禍首當屬索元禮、來俊臣、周興三人，他們製造許多冤獄，藉此整肅異己卻獲得封賞。

特務頭子索元禮是波斯人，武后任命他為游擊將軍，凡是企圖陰謀叛亂或秘密結社者，只要稍有風吹草動，便不論真假逮捕定罪。

與索元禮並稱「來索」的來俊臣因為編纂拷問指南書《告密羅織經》而著名，這是一本羅織無辜者罪名的書，甚至可以說是強制招供認罪的恐怖指南。

書中詳載各種嚴刑拷打的方法。酷吏無所不用其極逼迫嫌犯認罪，甚至審問犯人時用「告發他人可獲減刑」加以利誘，以催促他供出其他友人。結果只要一人被捕，便有更多人受到牽連。

酷吏喜用包括突地吼、定百脈、死豬愁等十種方法。例如索元禮在逼供時，曾用鐵帽蓋住犯人的頭顱慢慢加以扭緊，令犯人痛不欲生，最後到了頭蓋骨粉碎的地步。還有將犯人倒吊用石頭扔打、把犯人雙手反綁放在逼供台上轉動等等。

來俊臣最得意的逼供方法是在犯人鼻中灌醋，關在潮濕的地牢中，不給食物，也不准睡。之後開始拷打，一一盤問，逼供的人輪番上陣，讓犯人難以支撐，只要犯人稍微打盹便將他敲醒。幾天之後犯人精神耗弱，便俯首認罪。

其他方法還有：在犯人耳中塞入泥巴、將頭蓋骨往上拉、指甲間刺針、刺眼球、壓迫胸膛；將頭髮吊起，並在腳下綁石頭；頭部戴上鐵籠，然後用木棍擊打鐵籠四周，或戴著鐵籠在地上滾動……。逼供過程令人慘不忍睹。

如狂風暴雨般的整肅行動中，多達數百名的皇室成員被波及，一個接一個都以莫虛有的罪名被陷害、枉殺。皇室中有人武裝叛變失敗，反被武則天作為排除唐朝皇室的口實。唐太宗的四名兄弟與其家族，以及高宗的兩名兄弟皆被殺害，被罷黜的太子李顯的兩名兒子也未能倖免，皇親國戚皆遭滅口。武后剷除異己成功，終於登基稱帝。

得不得了還以為是在作夢呢！

原來羅安公爵因為嗜賭，散盡家財，靠借貸度日，幾乎連活下去的意願都沒有，每天槁木死灰般過日。然而，正當山窮水盡的時候，他注意到擁有大筆遺產的洛克蘿。

被搶奪的洛克蘿非但沒有抵抗還喜孜孜地跟著公爵離開，自己也突然變得十分積極，催促對方趕緊成親。到底是誰搶誰，旁人都被搞迷糊了。

搶親

十七世紀的歐洲十分流行「搶親」，強行把不情願的女孩娶進門。巴黎的上流社會中，紳士半開玩笑地用馬車載走女人，這樣的行為可說是很平常，想想真是嚇人。

被男人當作搶親對象的並非只有年輕貌美的女人，如果聽說哪個富翁的遺孀，即使年紀不小，只要有錢，仍會吸引許多手頭吃緊或是貪財的人蜂擁而來。

當時尤其盛行誘拐年輕姑娘，例如丹保瓦茲公爵誘拐了富豪胡立歐的千金，皮耶弗的領主拐騙了馮塔吉之女，柏姆伯爵誘拐了賽內克契之女。

政府當局也因為頻頻發生「婦女搶奪事件」而忙得不可開交。富家孤女卡碧葉曾被保斯克子爵誘拐，當地道魯茲法院最後判決保斯克子爵死刑。

但是，未必每個女人都厭恨被搶親。例如，著名的醜女洛克蘿，男人看都不看她一眼，她每天待在修道院，毫無未來可言，終日抑鬱不樂。突然有一天，出現一名俊美的羅安公爵前來搶親，洛克蘿高興

第三章

超級拜金女

✠ 布朗維里耶侯爵夫人——對下毒、賭博樂此不疲

除了淫亂和殘酷，成為惡女的條件還有「拜金」。以日本而言，泡沫經濟瓦解後，雖然女人變得成熟懂事，但是名牌精品店仍是生意興隆。世界名牌紛紛進駐銀座、原宿等地開店，第一天開幕就貴客盈門，大排長龍。

經濟不景氣，「血拚」的錢到底從何而來？對此男人百思不得其解，泡沫經濟已成往事，女人購買欲卻仍旺盛。據說全球名牌商品的總營業額有三分之一是日本人貢獻的，真是不可思議。

說到愛錢，排名第一的非十七世紀法國的布朗維里耶侯爵夫人莫屬，她也就是瑪莉・瑪格麗特・杜普雷。布朗維里耶侯爵夫人美貌非凡，但據說生性淫亂，還有傳言她跟兩個弟弟亂倫。

由於夫婿布朗維里耶侯爵有外遇，不常回家，妻子心想：「老公喜歡拈花惹草，我也如法炮製。」於是開始不守婦道。其對象之一是騎兵隊將領聖・克羅，兩人都迷上當時盛行的賭博。

他倆同屬今朝有酒今朝醉的類型，有錢就花，以為今天輸的錢明天就可以贏回來。後來債台高築，為了還前債又再欠下新債，終於走到山窮水盡的地步。最後竟然想出新花招，開始研究毒藥。

當時並未制訂法律約束毒藥的買賣，醫學技術也還無法從驗屍得知被害人生前是否中毒，因此下毒的人毋須擔心事跡敗露。此外，砒霜等毒藥剛上市，的確有必要知道它的效果如何。

兩人瘋狂製作毒藥，為了證明毒藥的效果而尋找實驗對象。結果慈善醫院裡貧苦的病患成了白老鼠。瑪莉戴上面罩遮住臉部，在醫院病床四處走動，溫柔地問病患：「身體感覺如何？」病人看到有如此高貴的婦人前來問候，都覺得是莫大的恩寵而十分感激。其實，眼前這位貴夫人所帶來的葡萄酒或點心裡摻有砒霜。

瑪莉假惺惺地探望病人，私底下則偷偷觀察病人服用後的反應，加以仔細記錄。如果聽到病患的死訊，她便前往安置屍體的地方，假裝是為死者祈禱，實際上是觀察屍體上所出現的中毒反應。自從她出現後，醫院病患的死亡人數突然急速增加，醫院方面倒很高興患者減少，並未起疑心。

兩人研究成功的毒藥首先用在瑪莉的法官父親身上，想置他於死地。毒藥的劑量攸關死亡的時間，他們讓父親看起來像是罹患怪病導致身體逐漸衰弱，呈現一副自然死亡的模樣。

瑪莉每天探望病榻上的法官父親，只見他病情持續惡化，看來時日所剩不多，傭人們也不疑有他。其實這段期間裡，瑪莉持續在父親的食物中下毒。

就這樣經過了八個月，老法官終於去世。兩人在慈善醫院所做的實驗證明完美無瑕，食物摻入毒藥後味道毫無改變。問題只剩下是否能在死者身上發現毒藥反應。當時盛行下毒，有身分地位的人死後必須解剖驗屍。

瑪莉和聖．克羅兩人屏息以待，結果驗屍報告顯示父親是「自然衰老死亡」，這是一樁零缺點的完美謀殺案。然而，父親死後的遺產處置卻出乎兩人的意料，遺產大部分由她的兩個弟弟繼承，瑪莉分到的不過是一小部分而已。

瑪莉想獨佔遺產，接著她計畫毒殺兩名親弟弟。這回不是瑪莉自己下手，而是由聖・克羅的隨從修賽執行。修賽藉機到她弟弟家中擔任僕役，伺機下毒。兄弟兩人不斷嘔吐，全身發熱，於一六七〇年的六月和九月相繼死亡。解剖的結果顯示純粹是腸胃病惡化所導致，瑪莉並未受到警方的任何懷疑和質詢。

短短的時間之內三名親人相繼身亡，且都被判定為病故，瑪莉和聖・克羅兩人歡天喜地。從此瑪莉的毒藥遊戲欲罷不能：對不喜歡的女性朋友下毒、嫌自己的長女長得又笨又醜也下毒、釣上年輕男人玩膩了之後也下毒殺害。

她甚至連自己的親夫都不放過，所幸聖・克羅讓他服用解藥而保住一命。聖・克羅擔心萬一瑪莉的丈夫去世了，她會提出結婚的要求，如此一來他會更困擾；如果他不同意的話，說不定輪到他小命不保。

結果聖・克羅因為實驗室發生意外而暴斃，瑪莉的罪行因而被發現。瑪莉被捕之後，受到殘酷的水刑逼供：她全身赤裸被綁，兩腳張開，私處暴露在男人眼前，連續五個小時被灌入水槽裡的水。瑪莉全身痙攣，痛不欲生，最後坦承所有罪名。

一六七六年七月十七日的早晨，瑪莉在巴黎的葛雷廣場被斬首示眾，宛如露水般消失無蹤。她非但毫無悔意，臨死前還說：「大家都為所欲為，為什麼只有我被懲罰？」

✠ 瑪麗・安東奈特——一年服裝費約十億日幣

說到歷史上揮金如土的女人，就不能不提法王路易十六的皇后瑪麗・安東奈特（Marie Antoinette）。她十三歲的時候，從奧地利的哈布斯堡家族嫁到法國的波旁王朝，可愛的容顏讓她在宮中人氣鼎盛，獨佔鼇頭。丈夫是個好好先生，任憑她奢侈浪費。瑪麗・安東奈特一年的服裝費以今天的標準換算，相當於十億日幣。

瑪麗皇后每天起床的第一件事就是「今天要穿什麼」，她的一天就從看服裝樣本開始。女僕先拿縮小的服裝樣品給她，讓她從中挑出當天要穿的幾款服飾。

瑪麗皇后的御用設計師貝坦女士雖然出身寒微，卻擁有直接晉見皇后的特權，在歐洲的服裝界享有舉足輕重的地位。閒暇的時候，兩人關在房裡研究服裝設計，一談就是好幾個小時。貝坦女士所製作的服裝，單件費用就要相當於六千萬日幣。

此外，髮型也是瑪麗皇后十分關心的事。她曾經把頭髮自髮根往上盤起高達一公尺，頭上裝飾著帆船、風車、庭園等造型，髮髻裡暗藏機關，一按就會綻放出薔薇，還有用寶石雕琢的小鳥會舞動翅膀。由於瑪麗皇后的影響，法國貴婦也跟著熱中於髮型設計，一年間竟然高達三七四〇種的新款髮型發表。

瑪麗皇后對珠寶也十分感興趣，常向商人大肆購買自各地蒐集的昂貴珠寶。由於國庫長期虧

瑪麗・安東奈特是典型的拜金女，一年的服裝費約十億日幣。

空，瑪麗皇后便轉賣手中的鑽石給珠寶商，將賣得的錢埋在地下。很難想像這是貴為一國皇后會有的行為！

有一回，瑪麗皇后花了二十五萬里維爾（Livre）買了一只手鐲，連人在維也納的母親瑪莉亞・德蕾莎（Maria Theresa）得知後也來信責罵。結果她寫了一封任性輕率的回信：「母親大人，您怎麼會掛心如此微不足道的小事……。」

要如何籌款因應龐大的支出，令瑪麗皇后十分傷神，最後她想到的方法竟然是「賭博」，這可不是宮廷流行的小賭，而是不肖之徒常用來行騙且惡名昭彰的「賭牌」。

瑪麗皇后將國王「賭博者重罰」的御令置之不理，私底下偷偷賭博。國王一來，她便趕緊把牌藏在桌下，國王一離開她又再繼續賭。她甚至與騙子和小偷等人來往，直到凌晨四、五點還沉溺在賭局中，有時一個晚上便輸掉約上億日幣，過著極奢侈無度的生活。

瑪麗皇后常常一擲千金，甚至一口氣賞給寵愛的侍女波里尼克夫人八十萬里維爾的嫁妝；丈夫送給她凡爾賽宮中的小翠安儂宮（Petit Trianon），她依自己的喜好重新改造庭院，用長達兩千呎的水管把水從源頭引到人工水池，工程費高達一百六十五萬里維爾（約六億日幣）。如此改頭換面，果然不同凡響，實在是讓一般百姓望塵莫及。

其實，瑪麗皇后會如此毫無節制是有原因的。夫婿路易十六無法人道，每天夜裡努力行房，動作粗暴，最後仍是白費力氣。七年後，路易十六接受手術治療，但在此之前瑪麗夜夜承受同樣的痛苦，最後變得欲求不滿。

不久，革命浪潮風起雲湧，民眾對耽溺逸樂的皇后十分反感，辱罵她是「赤字皇后」、「奧地利女人」。一七八九年七月巴士底獄被佔領，革命之火如燎原般延燒，王室成員遭到逮捕後從凡爾賽宮被帶往巴黎。一七九三年，路易十六被國民公會判決死刑，瑪麗年幼的王子被強行帶走，她則被送到據說無人能生還的康歇爾朱利監獄（Conciergerie）。

十月十三日，輪到瑪麗皇后接受國民公會的審判。一無所有的瑪麗用盡最後一絲力氣才到達審判的地方。經過二十個小時漫長的審問，最後的判決仍是死刑。

三天後的清晨三時，瑪麗換上白色囚服，戴著白色睡帽，乘馬車到達廣場，那裡已有三萬名整齊肅立的士兵靜候。瑪麗．安東奈特得年三十三歲，柔亮的金髮變成灰灰白髮，美麗的容顏經過一年兩個月的禁閉，已經憔悴不堪，不成人形。

✠ 約瑟芬——手套千雙、鞋五百雙

說到浪費，拿破崙的皇后約瑟芬（Josephine de Beauharnais）也不遑多讓。一七六三年，約瑟芬出生於馬丁尼克島（Martinique）的莊園，十六歲時與巴黎的殖民地長官波哈內結婚。後來丈夫在法國革命中被處死刑，留下一子，約瑟芬便開始跟不同的男性貴族交往。

與年輕的拿破崙認識之際，她是拿破崙上司巴拉斯的情婦。三十二歲的約瑟芬並非頂級的大美女，但是優雅的氣質十分吸引剛成年的拿破崙。

約瑟芬對拿破崙的求婚毫無反應。拿破崙沒有顯赫的家世，也無資產，心中最大的願望就是與約瑟芬結婚生子，過安定的生活。

拿破崙對約瑟芬十分愛慕。當他升為最高司令官被派至義大利後，每天以數封情書表達思念：「跟妳離別後，世界變成一片荒漠，每天想的都是妳。」拿破崙懇求約瑟芬盡快到義大利相會。但是，約瑟芬看都不想看，把拿破崙的信丟棄一旁，逕自換上禮服出門參加舞會。其實是約瑟芬又有了新戀人，對象是年輕的陸軍中尉查理（Hippolyte Charles），一位年輕英俊的花花公子。拿破崙左等右盼，始終等不到對方的音訊，最後不耐煩地說：「妳若不來，我就丟下軍隊回巴黎。」約瑟芬只好前往義大利。據說她是與情人查理同行。

拿破崙遠征埃及時（一七九八年），為愛妻約瑟芬在巴黎郊外購置的瑪梅松城堡

浪費無度的拿破崙妻子約瑟芬，擁有禮服九百件，一年買鞋五百雙。

（Malmaison），後來甚至也成為約瑟芬與查理的愛巢。得知此事的拿破崙極為憤怒，揚言即刻離婚。拿破崙鎖上房門，將自己關在屋內。約瑟芬在拿破崙的門前整晚下跪、哭泣，乞求原諒，拿破崙看到愛妻可憐的模樣，立刻打消離婚的念頭。

一七九九年十一月九日，拿破崙發動政變，擔任第一執政，成為法國最高領導人。一八〇四年，拿破崙正式稱帝，約瑟芬也戴上后冠。莊園主人的女兒當上皇后，簡直是麻雀變鳳凰。成為皇后的這前幾年，約瑟芬度過一生中最光輝的歲月。

約瑟芬唯一的缺點就是浪費奢侈，擁有九百多件禮服，手套也多達上千雙，每年還買五百雙以上的鞋子，因此負債累累。拿破崙對於愛妻鉅額的借貸並不知情，身邊的大臣向他進言：「這樣下去會不可收拾。」於是拿破崙下令由秘書布里安展開調查。

布里安要求約瑟芬說出正確的借貸金額，這令她十分困擾，因為拿破崙要是知道真相的話，必然震怒。然而如果布里安沒有處理妥當，一定會被拿破崙怒斥，所以他全力追查。約瑟芬終於坦承實際金額是一百二十萬法郎，相當於六億日幣，但她懇求秘書向拿破崙只報告六十萬法郎，布里安最後只好如此回報。

拿破崙得知後沉默許久，後來下令從國庫支付。布里安十分煩惱，不知另一半金額如何籌措，於是開始清查帳單，發現商人胡亂哄抬價格，例如一頂羽毛裝飾的帽子竟然要價一千八百法朗。布里安與他們一一談判，成功地將債款降為原有的一半。約瑟芬與拿破崙沒有子嗣，拿破崙於是痛下決心與約瑟芬離婚，一八〇九年十二月十六日，淚流滿面的約瑟芬離開宮殿搬至瑪梅松城堡。拿破崙發誓對她的情愛不變，允許她沿用皇后的稱號，也同意每年支付高額的年金。

拿破崙後來與奧國皇帝的女兒瑪莉．露易絲結婚，生下子嗣。一八一四年三月，拿破崙敗給俄羅斯、英國、普魯士聯軍，被放逐到厄爾巴島。五月九日，約瑟芬感染肺炎，病逝於瑪梅松城堡，享年五十一歲，臨終前喊的名字正是「拿破崙」。

✠ 賈桂琳．歐納西斯——用總統的年俸裝飾白宮

說到現代的拜金女，賈桂琳．歐納西斯（Jacqueline Onassis）當之無愧。一九六〇年，約翰

甘迺迪（John F. Kennedy）當選美國總統，夫妻倆成為全世界的話題人物。

賈桂琳成為第一夫人，站在豪華的舞台上備受矚目，跟隨夫婿出訪國外時，到處都聽得到「賈姬！賈姬！」的呼聲，她的穿著成為美國大眾爭相模仿的對象。

然而，賈桂琳的婚姻生活並不幸福。甘迺迪總統風流成性，與知名女星如蘇菲亞．羅蘭、莎莉．麥克琳、瑪麗蓮．夢露等人有染，關係曖昧的人數難以計數。

忍無可忍的賈桂琳提出離婚要求，然而總統表示，一旦離婚人氣會滑落，與賈桂琳約定任內絕對不離婚。賈桂琳將不滿的情緒發洩在其他方面，最大的樂趣就是購物和整修房屋，例如把總統一年的薪水花在修飾白宮的房間，剩下的尾款則用來選購衣物，據說許多服飾不曾穿戴，孤伶伶地掛在衣櫥裡。

賈桂琳的個人支出，剛進白宮時是美金十萬五千元，第二年增至十二萬一千美元。後來，連甘迺迪看到成堆的帳單都大叫：「是誰用了賈桂琳的名義買這麼多東西？」

一九六三年十一月二十二日，甘迺迪總統在美國南部的達拉斯遇害，賈桂琳當時才三十四歲，頓時成為悲劇女主角，全世界寄予無限同情。

五年後，賈桂琳嫁給六十二歲的希臘船王歐納西斯（Aristotle Onassis），美國民眾卻怒不可遏。「賈桂琳是跟支票結婚」、「美國失去了聖女」，曾經耽溺在回憶偉大丈夫的女主角成了為金錢而再婚的叛徒。

對賈桂琳而言，再婚是結束前一段不幸的婚姻。她為了滿足欲望，花錢更是不眨眼，服裝費

現代拜金女賈桂琳・歐納西斯平均每分鐘花掉三百元美金。

是當總統夫人時的十倍，結婚之初，平均每分鐘花費三百美金。

歐納西斯當初熱戀賈桂琳，求婚之後的一年內，送她手鐲二十三只、項鍊十八條、手錶七隻、胸針十七枚、戒指二十枚，結婚之後據說也贈予價值美金三百萬元的寶石。

然而兩人的蜜月期並不長，失合的原因正是賈桂琳的浪費。她跟大明星伊莉莎白・泰勒較勁購買珠寶；為了一本雜誌，她特地派遣包機購買；每個月的零用錢是十萬美金；在高級時裝店所購買的服裝、皮鞋和皮包等，都是以「打」計算……。

歐納西斯感嘆說：「跟她結婚以來，每個月的帳單都令人咋舌。」

一九七五年歐納西斯死後，遺書中交代把十億美金的遺產留給女兒克莉絲汀，賈桂琳只獲得一千萬美金，賈桂琳大發牢騷說：「我一定要循法律途徑追究到底。」

憤慨的賈桂琳動用小叔愛德華・甘迺迪參議員的權勢施壓，與歐納西斯的女兒對簿公堂，兩邊的律師展開了一年半激烈的訴訟。最後賈桂琳同意以二千萬美金和解，條件是斷絕與歐納西斯的關係。或許對克莉絲汀而言，能與討厭的賈桂琳斷絕往來，二千萬不過是區區的小數目。

✠ 伊美黛・馬可仕——旅遊專機裡置衣箱多達二百個

既然講到賈桂琳就不能不提伊美黛・馬可仕。一九八六年，因為民眾革命，菲律賓的總統馬可仕全家流亡海外，馬拉卡尼安宮殿裡有華麗帳帷的巨床、三千雙女鞋、無數胸罩和束衣散落一地，夫妻倆所建造的奢華馬可仕王朝終於暴露在世人眼前。

自少女時代就有沉魚落雁之貌的伊美黛，原本在馬尼拉銀行工作，某日在路上被星探發掘，成為某週刊的封面女郎。一九五二年，她參加馬尼拉小姐選美不幸落敗，聲淚俱下向市長檢舉：「獲選者因為與有力人士掛勾而當選。」最後，該屆選美結果竟然由兩人並列第一名。可見伊美黛的實力不容小覷。

當時三十六歲的眾議員馬可仕刻意親近伊美黛，他胸懷當選總統的野心。馬可仕連續十一天日日送伊美黛一枚鑽戒向她求婚，並向她展示堆積如山的一綑綑鈔票，他說道：「這只是我一部分的財產。」在這樣的攻勢下，伊美黛終於降服。

然而結婚之後，伊美黛嘗到美夢破碎的滋味。原來馬可仕在婚前就有一名情婦，兩人早育有三子。後來伊美黛跟這名情婦見面，一聽到對方又懷了第四胎，她變得神經衰弱。

苦惱萬分的伊美黛下定決心，絕不打退堂鼓，如果丈夫志在成為總統，她一定要協助他實現夢想……。競選活動期間，她展現無比驚人的力量，與夫婿馬可仕到全國各地巡迴演說，還登台高歌獻唱。

一九六五年，馬可仕順利當選總統，開始中飽私囊的勾當。馬可仕政權向外國企業徵稅，私吞賭博收入，與黑道掛勾，將國庫的公帑轉進瑞士銀行，大肆購買紐約的不動產。馬可仕在位期間，伊美黛一共出國旅遊六十二次，訪問三十三國。出國旅遊時專機兩架，放滿衣物的箱子則多達二百個。

一九七七年，伊美黛到夏威夷遊玩，買衣服連試也不試，看到喜歡的就出手，一下子便花費四萬美金。一九七八年，她在紐約花了一百五十萬美金買下一只手鐲，在最頂級飯店連續住宿數日（每天費用高達一千八百美金），給門房的小費一次就上百美金。

伊美黛展現權力的另一個具體例證就是在菲律賓興建一棟又一棟的大型建築。首先提出的是文化中心的建設計畫，為此募集大量捐款。耗費四年的時間在馬尼拉灣的一角興建文化中心，地面鋪設大理石、天花板垂掛豪華吊燈，以及耀眼奪目的戲劇院，就連紐約的表演場所也難以和它匹敵。

此後凡是要舉辦活動，伊美黛就興建大型建築物。例如一九七四年的環球小姐選拔活動在馬

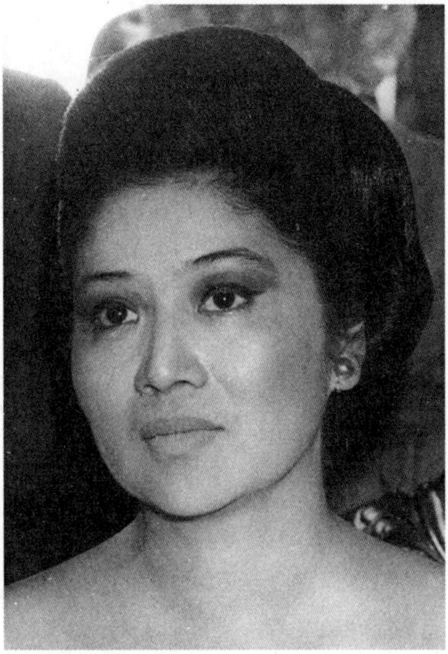

伊美黛．馬可仕以奢侈浪費聞名，逃亡後大量鞋子留在馬拉卡尼安宮殿，那畫面令人印象深刻。

尼拉舉行，政府當局特別興建民俗藝術劇院作為選美場地；一九七六年，召開國際通貨基金會議，為了吸引各國人士前來，伊美黛不惜向海外借款三億美金，斥資興建十四家飯店。

一九八一年，羅馬教皇訪問菲律賓，政府為此花費三千一百萬美金，並以椰子樹為建材建造賓館。由於太過華麗奪目，教皇很鄭重地婉拒下榻該處。

伊美黛中飽私囊、逞一己之私的同時，菲律賓的民眾卻陷於貧苦之中。流亡美國的政敵艾奎諾（Aquino）高舉反對馬可仕的旗幟回國，誓死推翻馬可仕政權。

一九八三年夏天，艾奎諾搭乘的飛機抵達馬尼拉機場，當他正步下機梯的時候，後腦遭人攻擊，最後不治身亡。

偷襲的刺客也當場被士兵射殺。光天化日之下，在上千名警力部署的機場，竟然上演了恐怖事件。

馬可仕想將罪行推到共產黨頭上，這點明眼人都看得出來。反對派人士乘機發動革命，連實際上掌控菲律賓的美國，眼見馬可仕已無利用價值，也乾脆抽身不理。

全世界的人從電視上看到菲律賓的民眾革命成功，馬可仕夫妻搭機倉皇逃往夏威夷。艾奎諾的遺孀柯拉蓉．艾奎諾（Corazon Aquino）就任菲律賓大總統的一幕，令人記憶猶新……。

泰麗絲．多里尼克——自導自演冒充富豪女

十九世紀的法國有一位名叫泰麗絲．多里尼克的女人，人稱「安貝爾夫人」，她是典型為錢瘋狂的拜金女，也是聰明的智慧型罪犯，她到處跟人表明自己是大富翁克羅福德的財產繼承人。她接著又聲稱克羅福德有兩名外甥，為了搶奪舅父的財產而對簿公堂。結果泰麗絲聲名大噪，連法務部長之子胡雷迪立克．安貝爾也向她求婚，泰麗絲頓時水漲船高，行情看好。

就法律而言，泰麗絲和克羅福德的外甥，其中一方享有繼承權。在財產動向尚未確定前，克羅福德所有的不動產證明和有價證券，必須在公證人面前放進泰麗絲的金庫保管。其實信封裡放的不過是廢紙片，然而無人知曉。

二十年來，泰麗絲與克羅福德的兩名外甥之間的財產之爭越演越烈，但是只要紛爭解決了，

泰麗絲將成為鉅富，於是法國國內的銀行都很樂意將鉅額資金借貸給她。

二十年間，泰麗絲向十幾家銀行借貸了將近六千萬法朗。她用這筆錢購買別墅、遊艇、寶石和名畫，買下歌劇院最昂貴的包廂，舉行宴會邀請名流參加，極盡奢華之能事。令人難以置信的是，她這大膽的謊言就連銀行和律師也被騙得團團轉。據說有的銀行因為她欠錢不還而面臨破產的命運。

想做壞事就要夠狠夠大膽，泰麗絲的例子就是最好的證明。她天才型的詐欺手法、透過代理人遞送的偽造遺書、在普通印刷廠印製有美國律師署名的便箋等，雖然一應俱全的文書是假的，卻演了一齣逼真的戲碼。

最後她的律師團終於把「克羅福德兄弟」打敗，泰麗絲判決獲勝後，面臨必須打開金庫的窘境，為了怕穿幫，她施展拖延戰術，但是有人提出了十分合理的要求。

當時的法國總理覺得事有蹊蹺，在國會上提出此案並公開批評泰麗絲一案。辯護律師認為自己蒙受不白之冤，要求打開金庫以示清白。泰麗絲在此壓力下預知了自己的命運，早已逃之夭夭，躲到西班牙避風頭去了。

泰麗絲在西班牙被逮捕。雖然這個詐欺案牽連如此之廣，但最後只判有期徒刑五年。媒體大幅報導，泰麗絲卻成了風雲人物，繪有她畫像的明信片大賣，變成了搶手貨。但是在法院旁聆聽審判的記者們，看到眼前跟明信片上判若兩人、甚至微胖的醜女，心中不免悵然……。

開始測試時，朗傑侯爵說：「我有兩顆蛋，發射一顆就能生小孩！」儘管精神百倍地大叫，到了最後關頭仍是無功而返。他汗流浹背，甚至換了兩次內褲。

預定的時間到了的時候，朗傑侯爵一副可憐的模樣，一邊大叫：「真是太沒面子了！」一邊離開床鋪。一六五九年二月八日，法院判決兩人離婚，當時巴黎社會盛行戲稱陽萎的男子為「朗傑侯爵」。

因離婚官司而聲名大噪的朗傑侯爵不久後再婚，第二任妻子卻連續生下六名子女。這到底是怎麼回事？

性無能官司

以前的歐洲社會，丈夫如果無法生育，妻子有權要求離婚。但是夫妻雙方必須出席檢證會，丈夫要在眾人面前證明自己是否有能力克盡丈夫的義務。

一六五九年，朗傑侯爵夫婦的離婚官司轟動全巴黎。結婚六年的朗傑侯爵夫人告訴親友自己仍是處女之身，親友們直呼不可思議，勸她離婚。

巴黎人對這類八卦小道消息很感興趣，開庭當天，法院前人山人海。等到朗傑侯爵出現時，眾人議論紛紛，竟然有人說：「我也想有這樣的老公！」

審判開始，首先是朗傑侯爵夫人接受身體檢查，結果證明她已非處女，最驚訝的莫過於朗傑侯爵夫人自己。不久之後，坊間流行這樣的歌謠：「朗傑侯爵六年來可不是毫無作為。」

十五名鑑定人員被選出參與此案，朗傑侯爵事前提出這樣的要求：「妻子先沐浴，她的頭髮要鬆開垂下。」他擔心妻子會喝藥或耍花招，整個人顯得坐立難安。

第四章

權力欲薰心的惡女

✠ 阿格麗品娜——以肉體作為奪取權力的武器

「男尊女卑」、「女人是賢內助」……這些說法可能已經過時了。的確，以前的日本社會，女人是男人的附屬品。為了要讓男人成功，女人一味地犧牲自己，或被要求徹底奉獻。這樣的人生，你可以想像嗎？

以前西歐女人的地位雖然不至於像日本女人低落，但男女也非常不平等。男人可以偷腥，女人一旦出軌則判死刑；國王有寵妾，皇后卻不能有男妾。這樣比較起來，實在不公平。

然而，即使在當時的社會，也有野心勃勃的女人想要擁有連男人都無法企及的權力。

古羅馬時代的阿格麗品娜（Agrippina）就是野心勃勃的壞女人最佳代表。前面提到的梅莎麗娜皇后，在她被處死之後，變成鰥夫的皇帝克勞迪渥斯成為羅馬帝國炙手可熱的丈夫人選，美貌且家世好的女人紛紛較勁，投入新娘的爭奪戰。

在候選人中出類拔萃的正是阿格麗品娜。她的丈夫是前西切力島總督古那伊渥斯（Gnaeus Domitius Ahenobarbus），丈夫死後，成為寡婦的阿格麗品娜投身皇后寶位爭奪戰。她對克勞迪渥斯的姪兒百般示好，經常藉機拜訪他的叔父，加以誘惑；甚至連叔父身邊的奴隸，她都不惜犧牲自己的肉體……。

阿格麗品娜終於成功了，她成為克勞迪渥斯的皇后，接著她用盡心思為兒子尼祿（Nero）的未來鋪路。

為使尼祿獲得正統的帝位繼承資格，阿格麗品娜先讓尼祿與克勞迪渥斯的親生女兒奧克多薇雅（Octavia）結婚，接著又無視於具有繼承權的克勞迪渥斯的長子布利坦尼克斯的存在，為尼祿舉行盛大的成人禮。

阿格麗品娜擅自召告天下，尼祿比布利坦尼克斯更具有繼承王位的資格，她接著使出決定性的一擊——毒殺丈夫克勞迪渥斯皇帝。

西元五四年十月二十三日，克勞迪渥斯最喜愛的蘑菇送上了餐桌，阿格麗品娜早已親手摻入微量毒藥。克勞迪渥斯看到美食當前，食指大動，一口吃進蘑菇。

克勞迪渥斯吃下之後噁心作嘔，阿格麗品娜授意的御醫以催吐為由，將一根塗有毒藥的羽毛刺進皇帝的喉嚨，皇帝露出驚恐的痛苦表情，臉部抽搐，當場暴斃。

另一方面，奴隸帕拉斯奉阿格麗品娜之命前往禁衛軍駐紮地，以協助尼祿即位為條件，約定每名士兵享有一萬五千塞斯特爾茨（Sesterz）的賞金。禁衛軍有十二大隊，每個大隊約千人，總計賞金高達一億八千萬塞斯特爾茨。然而，此時錢已不是問題。

而是讓尼祿當皇帝是否妥當，反倒是親生母親的難題。尼祿原本就對專制的母親心存反感，此時的關鍵因素是尼祿有了情人。尼祿想與奧克多薇雅離婚，然後與情人結婚，但因母親阿格麗品娜反對而心生閒隙。

「你若要這麼做隨你，我可是站在布利坦尼克斯這邊。」阿格麗品娜表態與布利坦尼克斯站

為了扳回權勢不惜愛撫自己兒子的阿格麗品娜。

在同一陣線。尼祿心生恐慌，嚇得全身打顫。莫非母親想棄自己不顧，改立布利坦尼克斯為帝？

尼祿決定先下手為強，他在布利坦尼克斯的食物裡下毒，順利完成謀殺計畫。看到布利坦尼克斯斷氣，阿格麗品娜一臉發青。她雖然一時受到驚嚇，但可不是這麼輕易就敗陣的女人。

為了扳回權勢，阿格麗品娜決定用自己的身體作為武器，對兒子尼祿展開懷柔攻勢。她開始精心打扮出席宴會，淫蕩的愛撫讓尼祿沖昏了頭。尼祿沉浸在甜蜜的柔情之中，連對方是母親這回事都忘了，全身欲火中燒。

亂倫醜聞在羅馬城傳開，在理智與肉體中痛苦掙扎的尼祿，最後決定弒母。他邀請母親阿格麗品娜到位於拜阿艾的別墅，招待她享用美食、欣賞表演，以盛大的宴會取悅她。

然而，他對母親返回時所搭乘的船隻動了手腳，船一旦啟動，底部正中央便會破裂，他企圖讓阿格麗品娜和船一起沉入海底。

阿格麗品娜趁船上一陣騷動時跳入海中逃走，最後她遊到岸邊，保住一命。聽到母親生還的尼祿慌了手腳，心想母親一定會帶領武裝士兵前來攻打自己。

尼祿派遣奴隸阿尼凱托斯一隊人馬前往母親藏身的地方。強行而入的武裝士兵團團圍住寢宮，阿格麗品娜連反抗的機會都沒有，頭部被擊中倒地，一把劍刺進她的胸部，奄奄一息之際，阿格麗品娜撩起睡衣下襬，露出腹部，氣憤得大叫：「要刺就刺這裡好了，尼祿就是從這裡生出來的。」

阿格麗品娜的屍體被運到尼祿的面前時，他將她的衣服掀開，仔細端詳裸身，口中喃喃自語：「母親的身體真是美啊！」

✠ 艾莉諾．阿奎丹——永無止盡的支配欲與征服欲

十二世紀法國的艾莉諾．阿奎丹（Eleanor of Aquitaine）是一個作風不像女人的女人。她出生於當時屬地面積比法王統治地區還寬廣的法國西南方，父親是阿奎丹侯爵。艾莉諾十四歲時，嫁給年長她兩歲的法國路易王子。

這對夫妻從一開始就不匹配。艾莉諾美豔動人、性格豪放、作風大膽，連男人都望塵莫及。

相形之下，路易王子則是在修道院研修學問的嚴肅古板型男性。

艾莉諾或許早已對這樣的丈夫感到厭倦，在與丈夫路易七世一起參加第二次十字軍東征的途中，她和領軍的叔父雷蒙發生越軌的行為。

艾莉諾因此被路易責備，她卻理直氣壯地說：「那就離婚好了。我們原本就是近親，根據規定婚姻無效。」法國王子僅是空有好名聲，實際上艾莉諾娘家的財產更在其上，艾莉諾會如此驕傲放肆，並非毫無道理。

結果達瑪斯卡斯戰役失敗，十字軍被殲滅，夫妻倆回到巴黎。此時艾莉諾的心早已不在丈夫身上，讓她下定決心的是年輕俊美的諾曼地公爵亨利。

亨利十八歲時就成為諾曼地公爵，誓言效忠路易國王，他前來宮廷晉見，艾莉諾一眼便看上他，暗地裡派婢女將他帶至自己的臥室，她的行徑真是大膽……。

國王與皇后之間有什麼秘密約定旁人不得而知，一個月後，路易國王與艾莉諾辦理離婚手續。其實，路易國王周圍也有「此女行為不檢，不如盡快分手以迎娶賢慧的皇后，早日得子嗣」的聲音。

離婚後不久，艾莉諾取回原本就屬於她的阿奎丹領地。兩個月後，她與亨利閃電結婚。亨利當時十九歲，艾莉諾已三十歲。亨利突然喜從天降，獲得歐洲部分領地，這顯然是年長的艾莉諾在幕後主導一切。

法國王室得知兩人的婚事大為吃驚。離婚兩個月就再婚，真是豈有此理！況且亨利是路易國王的家臣，婚前也應該獲得主人的許可才是。

婚後，艾莉諾的好運不斷。跟亨利爭奪英國王位的布羅突然死亡，夫婿亨利的王位得來全不費工夫，他以亨利二世為名即位。亨利為了管理國政東奔西走，艾莉諾有時同行，有時則留守宮中。小亨利、理查、傑佛利、約翰等王子相繼出生。

這對形影不離的夫妻感情和睦，如膠似漆，誰料半路出現第三者，丈夫有了情人羅莎蒙德，夫妻倆關係出現裂痕。據說亨利擔心艾莉諾會嫉妒羅莎蒙德，為情人建造了路線複雜、宛如迷宮的離宮。

離宮設有特定的入口，沿著曲折的通路才能進入羅莎蒙德的房間。艾莉諾買通迷宮的警衛，破解路徑之謎，偷偷潛入羅莎蒙德的房間，逼迫她從短劍和毒藥裡選擇其一，無路可逃的羅莎蒙德最後選擇了毒藥……。

夫妻之間一旦有了裂縫就難以彌補。艾莉諾為了報復，慫恿兒子發動叛變。她的支配欲和征服欲如此強烈，當然無法容忍丈夫對她不忠。

艾莉諾後來打算接近當年離異的前夫法國國王路易七世。然而路易已去世，新國王是其子菲利浦。菲利浦國王也覬覦阿奎丹的廣大領土，因此希望親近艾莉諾。在艾莉諾的煽動之下，小亨利、理查、約翰等兒子紛紛背叛父王，轉而投靠法國國王。

可是謀反並未成功，暗中策動叛亂的艾莉諾被捕，長年監禁在牢獄之中。至於亨利國王，他對兒子們的背叛痛心疾首，竟然就這樣一命嗚呼了。

丈夫死後，艾莉諾被救出，與以「獅心王」著稱的次子理查共同執政治理英國，兩人精力充沛地四處奔波。艾莉諾寶刀未老，那股毅力真是驚人。

✠ 凱薩琳・麥迪奇——心狠手辣的皇后

十六世紀法國國王亨利二世的皇后凱薩琳・麥迪奇，是義大利佛羅倫斯的富商麥迪奇家族的女兒。凱薩琳十三歲的時候嫁給法國王子亨利，未料夫婿戀上二十歲的絕世美女狄亞・帕娃切，看也不看凱薩琳・麥迪奇一眼。偏偏凱薩琳婚後十年也無子嗣，還差點因此離婚。

凱薩琳用盡方法懷孕，總算後繼有人，這才度過難關。然而，丈夫亨利舉行登基大典時，竟然穿著繡有狄亞名字縮寫的禮服出席，毫無掩飾，令人大吃一驚。這無異於在大庭廣眾之下炫耀自己的出軌。

對於這長期的愚弄，凱薩琳一直隱忍著。當時她擁有兩百名號稱「游擊騎兵隊」的侍女。這些精挑細選的美女其實負有特殊的政治任務，她們是躲藏在政敵床下竊取政治機密的女間諜。凱薩琳為未來的掌權鋪路，暗暗地展開行動。

一五五九年，夫婿亨利因為長槍競技意外喪生，凱薩琳的時代從此揭開序幕。法蘭索瓦二世、查理九世與亨利三世等三名兒子相繼即王位，然而實際上在背後掌權的是凱薩琳・麥迪奇。

當時法國國內分裂為新教與舊教兩派，伐盧瓦王室（Valois）是天主教派，敵對陣營胡格諾

歷史上以惡女聞名的凱薩琳・麥迪奇，也是瑪歌皇后的母親。

派（新教）的主事者就是後來成為法國國王亨利四世的納瓦爾公爵亨利。

由於信仰天主教的凱薩琳希望中止國內兩教的抗爭，於是將女兒瑪格麗特・伐盧瓦（即瑪歌皇后）許配給納瓦爾王亨利，法國各地新、舊兩派貴族因出席結婚典禮紛紛來到巴黎。

但是結婚典禮的當晚，天主教人士突然下令屠殺新教人士，即為歷史上著名的「聖巴赫特雷米大屠殺」。巴黎頓時變成人間煉獄，道路上堆積了數千名新教徒的屍體。

巴黎的舊教徒如打開閘門的洪水般奔流，手持武器加入屠殺胡格諾派的行列。街上的人群四處奔逃，有的被追殺斃命，有的被繩索套住頭部……。路上煙硝彌漫，被殺害的人鮮血四濺，身首異處。塞納河流滿了各處漂來的血水，許多人被活生生地從建築物的窗口丟下。

這一次的大屠殺，使凱薩琳成為歷史上有名的壞女人。事件發生之後，查理九世判若兩人。他責備自己犯下滔天大罪，同時也因這事件身敗名裂，他夜裡常夢到胡格諾教徒垂死前痛苦的叫聲而驚醒。

查理的結核病惡化，終於在一五七四年去世。但也有一說是凱薩琳下的毒手，她為了讓自己寵愛的三男亨利登上王位，於是將形同廢人的查理殺害。

凱薩琳的故鄉義大利，毒藥製造業十分發達。據說當年她嫁到法國時，也帶來大批的毒藥製造者、占星師和香料師等。

其實她的夫婿亨利二世是國王法蘭索瓦一世的次子，原本並無王位繼承權，因為兄長死於非命，他才得以順利繼承王位，當時就有流言說主謀是凱薩琳。

總之，只要一有什麼意外發生，便會聽到「凱薩琳」的名字，或許是無風不起浪吧。

✠ 武則天——為求自保不惜殺害親骨肉

武媚娘（即後來的武則天）是唐太宗的妃子，唐太宗在貞觀二十三年病逝時，武媚娘順應宮中規定剔度為尼，然而早就對她有意的新皇帝高宗（即太宗之子）將她還俗迎進後宮。

由於高宗已有皇后與嬪妃，於是將武媚娘封為地位次於后妃的昭儀。野心勃勃的武昭儀一心想更上層樓，私下暗自思索如何進行。

進宮之後，武昭儀靈巧機警，很快便獨佔高宗的寵愛，產下一子。為了能與尚無子嗣的皇后一較高下，她決定乘勝追擊。

有一天，武昭儀回到房間後，失聲尖叫：「快來人！吾兒不好了。」剛出生的女娃居然慘死。後宮一陣騷動，調查的結果是武昭儀不在房內時皇后正巧來訪，皇后看到嬰兒時說：「好可愛！」之後便離去。眾人懷疑的目光紛紛聚在皇后身上，皇后堅決表示自己的清白，卻百口莫辯。

武昭儀為了能當上皇后，利用至親骨肉演出苦肉計。其實皇后離開之後，武昭儀悄悄回到屋內勒死嬰兒，再將棉被蓋在嬰兒身上。

女人的權力欲竟然恐怖到這種地步！母親逼真演出喪女之痛，連皇帝與旁人都未察覺而受騙上當。

但是，武昭儀與皇后之爭並未落幕。體弱多病的皇帝狹心症發作，傳言皇后暗自詛咒殺害皇帝。後來在皇帝的寢宮發現木雕的人偶，上面刻有皇帝的姓名與生辰八字，心臟位置插有一根釘子。

這件事在宮廷裡再度引起騷動，皇后在毫無證據下被逮捕，高宗廢后並將她關進大牢，武昭儀取而代之成為武后，年二十八歲。

武后為了掌握政治實權，陸續將大臣一一除去。丈夫高宗年過三十視力衰退，於是將政權委交武后，至此她幾乎握有與皇帝同等的權力。

武后的性格異常善妒，凡是皇帝喜歡的女性皆一一殺害。例如武后的姐姐韓國夫人，某日用餐時突然原因不明痙攣而死，其女魏國夫人也因為同樣症狀而喪生。其實這兩人都與皇帝有曖昧關係。

武后以外的女性為高宗生下四名子女，其中三人被冠上叛國或賄賂的罪名，一一被處死刑。就連武后的兩名親生兒子也被毒殺或判死刑。總計高宗八名子女中，五人死於武后的毒手，另外三人則被監禁十年以上，這還不包括前面所提被勒死的小女嬰。

後來高宗終於察覺武后的殘暴，與宰相上官儀商量，為了杜絕後患考慮廢除武后。高宗決定廢后，命令宰相上官儀起草勅令。

不巧這事被武后得知，武后逼問高宗，膽小的高宗竟然回答：「是受宰相唆使。」上官儀立刻遭到逮捕，關進大牢。

之後，犧牲者接連不斷，武后在位的三十年中，高宗的家族七十餘人、宰相及大臣等高官三十六人遭到殺害。像武后這樣連自己親族都殺害的女人，在歷史上大概獨一無二；而連親生骨肉也拿來當成棋子加以殺害的母親，大概再也找不到第二個人了。

西元六八三年，高宗五十五歲去世，太子繼位是為唐中宗，然而六十歲的武后仍然掌權。

新皇帝並未握有實權，所有國政均由武后決定。不管多麼微不足道的事，都必須在她的掌控之內，否則武后絕對不會諒解。

某日，唐中宗任命舅舅韋玄貞為侍中，家臣報告：「武后對此沉默不語。」中宗回答：「朕是皇帝，為何要獲得他人的許可？」

這件事立刻被武后得知，武后的心腹中書令率領官吏與士兵等大隊人馬出現，口中喊道：「將皇帝廢為盧陵王。」然後把木然不知所措的中宗從龍椅上強行帶離。中宗即位不過五十四天就失去皇位。

從此這十四年來武后統治期間，是整肅異己與告密制度的恐怖時期。在整肅風暴中，數百人遭到連累，紛紛慘死。九月九日的重陽節，武后稱帝，國號「周」，自稱「聖神皇帝」，武氏一族十二人取代唐室成為親王。西元七〇四年，在欲望與殺戮中稱霸的武后終於倒臥病榻。第二年，以宰相張柬之為中心的大臣，主張廢武后迎太子即位。

一月十二日，由禁衛軍支持的張柬之擁護太子入宮，把驚慌失措逃離皇帝宮殿的張氏兄弟（武后晚年的男妾）斬首，並擁立太子取代武后。

太子唐中宗復位後，國號從周回復為唐。唐中宗奉母后為太上皇，然而實權已不再由武后掌控。該年十一月武后去世，享年八十一歲。

✠ 慈禧太后——垂簾聽政掌握大權

一八六一年，清咸豐帝駕崩，年僅五歲的同治皇帝即位，由母親西太后與咸豐皇帝的正室東太后共同攝政，掌握實權。

當時社會嚴禁女性參政，為了不讓臣子看到本人，因此隔著簾幕治理國政，即所謂的「垂簾聽政」。東太后的地位在西太后之上，但她跟當時的女性一樣無法書寫，所以大臣的奏摺通常由西太后向她解釋。

相對於東太后，西太后教養良好，能言善辯，野心與權利欲極強。咸豐皇帝生前曾向家臣透露：「這個女人究竟葫蘆裡賣什麼藥？她是一個高深莫測的危險女人。」

同治皇帝十五歲時選后，並未選擇母親西太后中意的次官鳳秀的女兒，而是選擇東太后推薦的崇琦的女兒。從此，同治皇帝與盛氣凌人的母親保持距離，並且向東太后靠攏。

忍無可忍的西太后於是對皇后相當苛刻。某日，皇后被不實指控，遭到西太后責罵，她到皇帝面前哭訴。未料西太后暗中跟隨，聽見屋中傳來皇帝安慰的聲音：「再忍耐點，會有熬出頭的一天。」此時西太后突然拉開隔間，一把扯住皇后的頭髮來到庭院，用皮鞭抽打。

西太后不僅虐待皇后，甚至命令皇帝：「皇后太年輕，還有許多地方要學習，不要因為她而阻礙你的政績，今後不准再進皇后的房間。」

無法與妻子見面的同治皇帝，因為寂寞而悶悶不樂，有宦官提議帶他上街見識，同治皇帝卻在尋花問柳之後罹患梅毒。

御醫向西太后請示，太后回答：「是疱疹。」於是御醫以醫治疱疹的方式治療。

一八七四年，皇帝病情加重，西太后前往皇后的房裡，責怪她為何皇帝垂死之際仍不去探

時代造就了慈禧太后，她身上具有難以言喻的危險特質並且擅長玩弄權謀。

視，同時伸手摑打皇后的臉。皇后的臉上流下一道鮮血，原來是被西太后用來保護指甲的金鞘套刮傷了。

數日後，年僅十八歲的同治皇帝去世。聽聞此訊的西太后怒言：「那個女人殺死了皇上。」她命令嚎啕大哭的皇后陪葬。並以陪葬為名不供予食物，蓄意餓死皇后。

同治皇帝去世當日，西太后立即召集諸王大臣說：「皇后體弱，尚無子嗣，最好及早決定皇位繼承人，各位認為誰最適合？」眾人坐立不安，終於有大臣推舉數名皇族，西太后威嚴凜凜地說：「醇親王的公子聰明伶俐，各位意下如何？」

突然，她高聲宣布皇帝駕崩的消息。隨後在西太后的淫威之下，年僅四歲的光緒帝（西太后妹妹之子）即位。

西太后與東太后開始第二次的垂簾聽政，對於已然確立獨裁聽政的西太后而言，東太后只不過是絆腳石，但如何除之而後快卻頗費周章。

一八八一年二月的某日，東太后生病，西太后削下腕肉放入藥水中送去，據說東太后喝下之後藥效立見。感激在心的東太后說：「其實先帝咸豐皇帝曾留有遺言，若西太后為所欲為、我行我素，便要採取行動制止。看來已無必要。」接著當場撕毀遺書。

西太后心中燃起仇恨的火焰，她心想：此女外表看似文靜，實則疏忽大意不得，盡早杜絕後患為妙。

東太后恢復健康後，西太后設宴慶祝。宴會結束後，東太后打道回宮，吃下收到的餡餅，突然身體不適倒臥在床，最後就此斷氣，原因當然是西太后下了毒手。

光緒十五年，光緒帝娶親之際開始親政。西太后隱居北京西郊的頤和園，但是她的眼線遍佈宮廷，光緒帝的一舉一動，西太后瞭若指掌。

光緒帝二十七歲時，發起政變想從西太后手中奪回實權，結果失敗，光緒帝被幽禁在湖中小島瀛台。一九〇八年，光緒帝病倒，據說是西太后慢慢下毒想讓皇帝先於自己離開人世。

不久之後，西太后也出現下痢症狀臥病在床。同年十月二十一日，皇后探視光緒帝時，皇帝已經駕崩，一旁的侍者也未注意皇帝何時氣絕。

皇后立即趕到西太后面前，泣不成聲地告知皇帝的死訊，西太后點頭，微微發出笑聲。因光緒帝先走一步而安心的慈禧太后，也於翌日靜靜嚥下最後一口氣，享年七十二歲。

精力充沛，怎麼受得了？其他的精力要到哪裡發洩？」

你認為幾次才合理？

「六次」大概是西薩初夜時的次數吧。聽到這個判決的亞拉岡女性有許多人發牢騷：「六次？我連一半的次數都不到。」

據說從此以後，女人便從別的男人身上補足次數。

初夜

西薩·波嘉是十五世紀義大利羅馬教皇亞歷山大六世之子，是文藝復興時期有名的暴君。

一四九九年，西薩·波嘉舉行結婚典禮迎娶亞拉岡公主夏洛特。新郎二十四歲，新娘十六歲。依照當時的習俗，凡是王公貴族的初夜都要有見證人，當時由法王路易十二肩負此任。

西薩已在飯前先來上兩回，真正開始時每做一次他就向教皇打手勢。

到了第六回合時，路易十二也笑著說：「這小子，真有兩下子。」立刻向西薩的父親教皇亞歷山大六世報告結果。

後來有過這樣的判案──有位婦人控告丈夫夜裡需索無度，糾纏不休。她的丈夫反駁說：「我精力旺盛的時候，一天不做個十回會受不了。」

亞拉岡公主夏洛特因此判定，就正常夫妻的標準而言，一天六次最為適當。根據公主的說法，六次足以滿足女人的性欲。

然而對此判決最不滿意的是該名婦女的丈夫：「一天才六次？我

第五章

撼動歷史的惡女

✠ 伊莎貝拉女王——年紀輕輕便合併兩大國

女人不僅僅是女人，同時也是冷靜的政治家；妻子也不只是妻子，而是擁有支配權的征服者。女人所扮演的角色早已超越既有的性別。有的女人令男人刮目相看，甚至不被當成女人，而被視為同性別的幹練高手，令人暗自感佩在心。西方歷史上的確有這樣的人物。

這種女人不是藏在男人身後暗中操盤，也不是憑藉出眾的容貌將有權者玩弄於股掌之間，而是以傑出的政治手腕扭轉一國的命運。只是，現在還有這樣的女性嗎？

十五世紀西班牙的伊莎貝拉（Isabella）女王正是這個典型的代表。當時的伊比利亞（Iberia）半島分為亞拉岡（Aragon）、卡斯提爾（Castilla）、格瑞那達（Granada）和葡萄牙四個國家，伊莎貝拉正是卡斯提爾女王。

伊莎貝拉原本是國王安理該四世的妹妹，並非王位繼承人。安理該的皇后胡安娜因傳出與家臣生下私生子，繼位的正統性遭到質疑。在此情況下，伊莎貝拉繼承了兄長的王位。

伊莎貝拉從年輕時對自己想做的事便十分執著。十七歲時，她從各國湧來的求婚者中挑選亞拉岡的斐迪南（Ferdinand）王子為結婚對象。亞拉岡與卡斯提爾為鄰國，語言和民族相近，兩國如果合併，在歐洲政治舞台上將擁有超強的權力。年紀輕輕的伊莎貝拉當時已經如此盤算。

但是，身為兄長的安理該執意要她嫁給葡萄牙王子。一般人遇到這樣的情形可能會泣不成聲地屈從兄長的決定，然而伊莎貝拉並非如此，她一方面遣回葡萄牙派來提親的代表，另一方面則擅自在斐迪南王子的求婚書上承諾並簽字。

兄長一氣之下將伊莎貝拉軟禁在宮中。她表面上順從兄長的命令，使監視的侍衛失去戒心。有一天，她逮到機會帶著隨從脫逃，來到同情她處境的巴拉多里多市，藏身在貴族的宅邸。接著她派遣信使趕往亞拉岡通知斐迪南王子：「請即刻前來此地，與我舉行婚禮。」她的作風確實獨特大膽！

亞拉岡方面接到信使的傳話後，對該不該護送王子前往感到困惑，於是王室召開緊急會議商討。斐迪南也是與伊莎貝拉一樣果敢的青年，為了拯救陷於困境的公主，他帶領數名侍從，喬裝成商隊，連續兩天兩夜不眠不休地趕了三百五十公里路，火速前往巴拉多里多市。

順利抵達巴拉多里多市後，斐迪南和伊莎貝拉在沒有安理該國王的同意下，私下決定了終身大事，火速舉行婚禮。由於十分倉促，連羅馬教皇的結婚證書都來不及取得，斐迪南便私自偽造同意書，這才緊急脫困。

如此先斬後奏的婚姻，卻也是伊莎貝拉此後蒙幸運之神招手的機緣。兄長安理該死後，由她即位，是為卡斯提爾女王；沒多久，鄰國的公公也去世了，由自己的丈夫斐迪南接掌王權，是為亞拉岡國王。

如此一來，兩國統一，成立了西班牙王國，伊莎貝拉牢記當初的約定：「與夫婿共同治理西班牙，但是丈夫不得干涉卡斯提爾的政權。」

接著兩人聯手一舉攻打伊比利亞半島南部的格瑞那達。八百年來，伊比利亞半島大部分地區是由回教徒統治，經過基督教國家不斷征討，回教軍隊被趕至南部，僅剩格瑞那達這個最後據點。

伊莎貝拉就這樣完成了歷代君主的夢想——統一西班牙，為統治世界的帝國奠定了基礎。伊莎貝拉積極重振國政，強化王權，鎮壓橫征暴斂的貴族，強化警力維持治安，國內一片承平景象。

伊莎貝拉最大的功績就是借貸資金給哥倫布，使他得以發現美洲新大陸。哥倫布主張地球是圓體，認為只要向西行駛越過大西洋，就可以直達生產絲綢、香料的寶庫——中國和日本等國家。

厚顏的哥倫布要求發現新大陸後，在該地擔任副總督，並擁有總收入的十分之一。當時相信地球是圓體的人少之又少，伊莎貝拉也因為發動格瑞那達的戰事而導致國家財政窘迫，但是她仍然不顧大臣們的反對，提供哥倫布大筆資金。

其實伊莎貝拉著眼的是海外開發，她早就接二連三派遣優秀的航海人員出航。當時葡萄牙已擁有馬提拉島、亞速爾群島和非洲西岸等地，日益壯大的西班牙也伺機採取行動。伊莎貝拉放手讓哥倫布一圓新大陸的美夢，正是為了大局設想。

成為大人物的條件包括堅忍不拔、判斷精確、知人善任、掌握時機，以及在關鍵時刻做出非常決定，這些條件伊莎貝拉全部具備，真不愧是世界級的君主。

✠ 伊莉莎白一世——「我早已嫁給國家」

十六世紀英格蘭的伊莉莎白一世（Elizabeth I）也是器宇恢宏、豪氣萬千的君主，與前述的伊莎貝拉女王不相上下。當時英國人口不過三百五十萬人，國庫收入三十萬英鎊。國內分裂為新教與舊教兩派勢力，商業不盛，地方貧困。

英國原是歐洲三流的國家，在伊莉莎白一世統治下躍上世界舞台。英國的船隊取代西班牙成為海上霸權，不可一世；在遠東地區創設東印度公司，對貿易的發展極有貢獻。探險家羅力在大西洋彼端開拓如維吉尼亞州等殖民地，揭開大英帝國的序幕。若是追究這個榮耀是拜誰之賜？答案當然非伊莉莎白一世莫屬。

伊莉莎白一世在少女時代便已經歷大風大浪。在她兩歲時，由於母親安・寶琳（Ann Boleyn）未能生下男孩，丈夫亨利八世怏怏不悅地將她處死。而後父親宣布與母親的婚姻無效，於是伊莉莎白被視為私生女。

父親亨利八世死後的十一年間，英國由她同父異母的弟弟愛德華六世與姐姐瑪麗一世統治，伊莉莎白數度被懷疑企圖叛變，因此被幽禁在倫敦塔裡。但是，正因為經歷了如此困頓的遭遇，她鍛鍊出異於常人的洞察力，以及領悟了在權力至上的世界中如何生存。或許可以說，這些苦難為她奠下日後成為英明君主的根基。

英國的伊莉莎白一世，以自己的婚姻大事為籌碼，周旋於歐洲各大國。

伊莉莎白二十五歲登基，以西班牙國王腓力二世為首的求婚者，從法國、丹麥等地湧來。當然，他們心中都打著娶了伊莉莎白英國就成囊中物的如意算盤。

英國國內也始終有「女王不可獨身」的聲浪，但是伊莉莎白不為所動，試圖用不同的角度思考難題。當時在歐洲居於主導地位的是西班牙和法國，英國必須防止這兩大強權聯手。

伊莉莎白以自己的婚姻大事為籌碼，周旋於歐洲各大國，對於眾人的求婚始終閃爍其詞而無清楚的承諾，她讓人人有希望，卻是個個沒把握。她採取若即若離、欲擒故縱的方式，跟對方保持友好的關係，主要用意是避免對方彼此結盟。

伊莉莎白拒絕西班牙國王的求婚時說了一句流傳千古的名言：「我早已嫁給國家。」她不結婚的真正理由，恐怕是因為太過於了解婚姻大事對一國之君有多麼重要。

一旦與外國君主結婚，英國會變成對方的一顆棋子；如果嫁給國內貴族，則會捲入派系之爭。身為一國的女王，最重要的就是確保行動的自由，這才是伊莉莎白真正的心聲吧。

伊莉莎白的聰明也展現在對朝廷大臣的知人善任上，國務卿威廉・西索爵士（Sir William Cecil）、御璽官培根等人都是人文主義者，也是經驗豐富的行政官員。伊莉莎白即位第二年就頒佈「王權至上」、「宗教統一」等法令，也就是舊教與新教兩者折衷。伊莉莎白決定以大多數民眾的看法為依歸。

此時鄰國蘇格蘭貴族叛變，伊莉莎白同父異母的姐姐瑪麗・司圖亞特（Mary Stuard）女王前來投靠。伊莉莎白卻將瑪麗逮捕並關入牢中，監禁長達十九年，這件事被後人譏為是伊莉莎白一生中最大的污點。

然而，伊莉莎白幽禁瑪麗並非毫無理由。瑪麗女王是亨利七世的曾孫，具有英國王位繼承權，而且是天主教徒。如果對她禮遇的話，正好給予英國北部不滿伊莉莎白統治的天主教貴族叛變的口實。事實上，瑪麗被監禁後，英國數度出現「推翻伊莉莎白，瑪麗女王即位」的叛變行動，但沒有一次成功。

瑪麗被監禁十九年，後來因為天主教貴族伯賓頓在牢裡策動「瑪麗即位，暗殺伊莉莎白」而被處刑。有人推測，這其實是伊莉莎白設下的圈套，用以引誘瑪麗上鉤，藉此除去大患。

然而，也可能是伊莉莎白為了國內的和平及確保王位而萬不得已的舉動。

前面曾提及，對伊莉莎白而言，如果西班牙和法國兩強權聯手，對英國會造成威脅，因此伊莉莎白暗中派遣軍隊並金援兩國國內的新教徒，助長兩國內亂，以保住英國的安全。伊莉莎白並且軍援那丁地對抗西班牙，另一方面也默許霍金斯、德雷克爵士等本國的貿易商在加勒比海襲擊西班牙船隻的海盜行為，甚至予以獎勵。

西班牙對於英國軍援那丁地、默許德雷克等人的海盜行為，以及伊莉莎白的蓄意挑撥十分不滿，最後決定攻打英國，開始建造西班牙「無敵艦隊」（Invincible Armada）。

一五八八年七月十九日，一百三十艘軍艦、二萬三千名士兵和二千五百具大砲的巨大艦隊出現在英吉利海峽，壯盛的軍容不可一世。兩國艦隊正式交鋒，二十七日，西班牙無敵艦隊抵達卡雷下錨；二十八日，英國方面八艘火船突襲敵艦，引起西班牙大騷動。第二天早上，英軍繼續追討，以優秀的操艦技術和勇敢的砲兵重挫西軍。無敵艦隊最後狼狽不堪地逃回西班牙，據說艦隊半毀，三分之二的士兵喪生。

此役英軍獲得大勝，對近代歐洲文明帶來全面的影響——那丁地的獨立造成西班牙王國從此一蹶不振。至此，英國取代西班牙成為海上霸權。遠東地區的東印度公司貿易發展迅速，莎士比亞、培根等文學家相繼出現，英國從三流國家一躍而為世界的一流國家。

伊莉莎白一世充分利用自己是女人的這一點，卻以不亞於男人的冷靜手段治理國家，為日不落的大英帝國奠定扎實的基礎。如此磅礡的氣勢，實在令人甘拜下風。

✠ 埃及豔后克麗歐佩特拉——三十九歲香消玉殞

有句名言：「埃及豔后如果不要那麼高傲，世界史就會改寫。」根據歷史學家的說法，埃及豔后克麗歐佩特拉（Cleopatra）並非驚豔世人的美女，但是她熟悉多國語言，對答流暢，巧妙的應對技巧和高明的社交手腕，與她容易博得好感的容貌相輔相成，因此擄獲不少男人的心。

十八歲時，她依照當時的習俗與弟弟托勒密成親，兩人共同繼承王位，然而國家大權卻掌握在宦官波斯提諾和阿吉拉斯將軍手中。克麗歐佩特拉想越過兩人，由自己掌握政治實權。

此時羅馬的裘里斯・凱撒適時出現。由於政敵龐貝逃到埃及，所以凱撒也一路追殺到埃及。克麗歐佩特拉久聞凱撒的大名，打算交出龐貝作為凱撒協助她掌握政權的條件。

凱撒在埃及得到王室貴賓級的禮遇，要如何不被波斯提諾等人察覺而順利到達凱撒的落腳處，是件十分困難的事，然而克麗歐佩特拉心中已有盤算。

某日，亞歷山卓港停了一艘小船，一名男子背著一個大睡袋走下船朝王宮的方向前進。衛兵上前盤問時，男子答稱：「裡面是送給凱撒將軍的禮物。」而這名男子正是克麗歐佩特拉的心腹阿波羅多。

睡袋運到房裡被打開後，凱撒一看，不覺發出驚訝的叫聲。睡袋裡躺著一位身披薄紗、頭戴王冠的年輕美女。「我是埃及女王克麗歐佩特拉，請笑納。」克麗歐佩特拉嫣然一笑，羅馬英雄凱撒也難抵擋她的魅力，立即成為克麗歐佩特拉的俘虜。

克麗歐佩特拉得到貴人相助，終於成為獨立統治埃及的女王，然而她心中還有讓埃及成為大國的雄心壯志。另一方面，她也深深為世界強人凱撒著迷。

凱撒也為克麗歐佩特拉的魅力所傾倒。她不同於凱撒以往所征服的美女，不但女人味十足，還具有男人的才幹與手腕，而埃及的富庶對他來說也是一大誘因。就統治埃及而言，他自己實權在握，但表面上克麗歐佩特拉仍是女王，也就不至於會引起民眾反感。利用埃及的富有，將來必能稱霸世界……。

凱撒後來助克麗歐佩特拉一臂之力，殺死宿敵波斯堤諾和阿吉拉斯。在這個戰役中，克麗歐佩特拉的胞弟也不幸戰死。克麗歐佩特拉與凱撒生下一名男孩，取名「凱撒里恩」，亦即「小凱撒」的意思。

凱撒被推選為羅馬獨裁政權的執政官，成為地位不可動搖的最高權力者。他遠征北非大獲全勝，召喚克麗歐佩特拉和幼子凱撒里恩前來羅馬。盛大隊伍熱烈歡迎兩人的到來。此後兩年，對克麗歐佩特拉來說是幸福與榮耀的最高峰。

凱撒成為執政官之後，打算將他與克麗歐佩特拉的雕像放在神殿中，這個舉動被羅馬人懷疑是：「凱撒想稱帝，想立克麗歐佩特拉為后，讓凱撒里恩成為繼承人。」西元前四十四年，凱撒遭布魯特斯（Brutus）背叛暗殺，克麗歐佩特拉帶著幼子倉皇逃回埃及。克麗歐佩特拉將年僅三歲的凱撒里恩立為托勒密十五世，兩人共同治理埃及。但是她仍然沒有放棄建設大埃及王國的夢想，暗暗觀察誰會繼凱撒之後統治羅馬，而她也沒有放棄將羅馬變成埃及的一部分的想法。

而羅馬方面，共和派由布魯特斯和葛修等人帶領，另一派則是安東尼與屋大維為首的凱撒陣營。西元前四十二年，布魯特斯和葛修死後，凱撒陣營掌握實權，而獲得東方統治權的則是安東尼。

有一天，安東尼邀見克麗歐佩特拉。表面上是要她說明為何當初贊助葛修大筆資金，實際上是想一睹佳人風采。當年他赴任埃及時曾見過克麗歐佩特拉一面，對她的美貌難以忘懷。

當時克麗歐佩特拉二十八歲，正是女人最美的時候。她決定以自己的魅力放手一搏，把握這個決定埃及未來的機會。西元前四十一年的夏天，席德斯河（Cydnus）的下游城鎮傳說一艘載有愛神維納斯的黃金船逆流而上，民眾紛紛集結在河邊觀望。

不久，出現在眾人眼前的是一列華麗無比的船隊，女王乘坐的遊艇裝飾得富麗堂皇，男侍配合樂隊的演奏划著銀色長櫓，埃及女王橫躺在金色刺繡的篷頂下，穿著薄紗的美女們優雅地為女王搧風。安東尼被邀至船上，對傳言中的埃及富庶嘆為觀止。船上的無數燈火還經過一番設計，有時朝所有方向照亮，有時從彼此各自的角度和位置一會兒變成方形照耀一會兒又變成圓形，耀眼的金色光芒呈現出輝煌的美景。

克麗歐佩特拉的魅力完全擄獲了安東尼的心，他甚至把妻子仍留在羅馬一事拋諸腦後。克麗歐佩特拉返回亞歷山卓的路上，安東尼在後面一路苦追，從此展開夢境般的生活。

不久，克麗歐佩特拉與安東尼生下一對雙胞胎男女，以及一名男孩。後來安東尼邀她到安提奧基亞。西元前三十六年，三十三歲的女王與四十六歲的安東尼舉行盛大的結婚典禮。

安東尼這方想征服埃及，克麗歐佩特拉則是想以聯姻作為建立大埃及王國的踏腳石。凱撒里恩已經十一歲，克麗歐佩特拉希望在兒子長大成人繼承王位之前，由安東尼暫時代理。

當然，贏家是克麗歐佩特拉。安東尼在名義上既然不是埃及國王，便以結婚禮物為名送給克麗歐佩特拉大片領地，包括敘利亞、吉布洛斯、克里克、庫雷塔島一部分，以及阿拉伯北部等地。

征服亞美尼亞後，安東尼在亞歷山卓舉行凱旋儀式，承認克麗歐佩特拉為真正的皇后，並將其子封以「王中之王」的稱號。然而此舉令羅馬人反彈，安東尼的對手屋大維對外放話：安東尼把羅馬交給尼羅河的魔女。

因為這個緣故，西元前三十一年，屋大維將安東尼自三頭政治除名，並向克麗歐佩特拉宣戰。安東尼順從克麗歐佩特拉的建議，以海戰解決事端。埃及艦隊並非由安東尼指揮，而是受命於克麗歐佩特拉。為使戰況不利時埃及艦隊可以安然脫離戰線，她精心安排艦隊的配置。

西元前三十一年九月，雙方交戰，安東尼的艦隊規模甚大，但缺乏機動性，於是採取守勢。但是由克麗歐佩特拉率領的六十艘船組成的艦隊卻突然揚帆離開戰線。安東尼驚慌之餘立刻在後面追趕，他所率領的大軍因此崩潰。據說死亡人數多達五千人，三百艘船隻被捕。

接著傳來克麗歐佩特拉的死訊，悲觀的安東尼信以為真，當場用匕首刺進腹部。安東尼臨死前被運至克麗歐佩特拉面前，當場嚥下最後一口氣。

毫無忌憚的克麗歐佩特拉後來竟轉而親近屋大維，想一探保護埃及王室的方法。然而，屋大維見到她後只禮貌性地打個招呼，並未中美人計。

屋大維將克麗歐佩特拉當成戰利品帶回羅馬，為風光的凱旋儀式錦上添花。克麗歐佩特拉從買通的羅馬士兵身上得知自己將被遊街示眾的消息，就女王的尊嚴而言這是絕對無法容忍的。

遊行前一天，被監禁的克麗歐佩特拉命令侍者送來三個竹籃，其中藏有三條毒蛇。

克麗歐佩特拉拿了自己的竹籃，放出毒蛇任其咬嚙手腕，最後她於安眠中斷氣。隨後兩名侍女為女王整理儀容，化粧後戴上王冠，侍女也用同樣的方法追隨女王而去。西元前三十年八月三十一日，克麗歐佩特拉香消玉殞，享年三十九歲。

✠ 凱薩琳大帝——「貴婦革命」的首腦人物

十八世紀俄羅斯的凱薩琳大帝，出生在德意志一個貧窮貴族家裡，凱薩琳受到頗具野心的母親影響，兒時就夢想有一天能飛上枝頭做鳳凰。由於稱不上是美女，她便想以頭腦一較高下，所以發憤向學。十六歲那年，她很幸運地嫁給遠親的俄羅斯皇太子彼得三世。

然而，這與成為富貴人家的想法差距甚大。原來彼得並不聰明，每天只忙著玩騎兵遊戲。婆婆伊莎貝塔存心不良，在凱薩琳身邊安置間諜，監視她的一舉一動。

但如果就此認輸的話，千里迢迢嫁到俄羅斯來的苦心就白費了，於是凱薩琳耐住性子等待。她用心學習俄語，改信東正教，努力成為俄羅斯人，她果然得到民眾的愛戴。聰明的凱薩琳看清了即使現在會很辛苦，但只要讓民眾站在自己這一邊，並在宮廷裡建立好自己的人馬派系，對她的未來將有很大的幫助。

相形之下，身為侯修坦公爵養子的彼得三世，未曾忘記自己的普魯士血統，他崇拜普魯士的腓特烈大帝，辱罵俄羅斯宗教是迷信，因此俄羅斯人民對他心生嫌惡。

在俄羅斯眾多皇帝中，被稱為「大帝」的凱薩琳。

對凱薩琳而言最關鍵的一刻終於來臨了。一七六二年，伊莎貝塔女皇駕崩，即帝位的彼得三世打算與感情不睦的妻子離婚，讓愛人寶隆娃登上后座。

然而彼得三世突然停止與普魯士的戰爭，並與普魯士簽署和議書，命運之神轉而青睞凱薩琳。俄羅斯人聽說與普魯士停戰，個個氣得直跺腳。

故事就從彼得三世慶祝與普魯士簽訂和平協定的慶祝宴會開始。彼得三世起身舉杯，命令眾人乾杯：「恭祝普魯士國王政躬康泰。」賓客心中雖有不滿，卻也按捺下來，仍然起身舉杯祝賀，唯獨凱薩琳坐著不動。彼得大罵：「不懂規矩，給我下去！」凱薩琳低頭不語。

這件事迅速傳遍全國，大家都很同情凱薩琳。四天後，彼得三世正式下令逮捕凱薩琳。她警覺到此時一刻也不得猶豫，再這樣認命下去，不是死路一條就是被流放，她必須馬上行動。

與凱薩琳站在同一陣營的還有首都近郊的四團禁衛軍的青年軍官，他們的領袖就是凱薩琳後來的情人歐羅夫兄弟。尤其是擔任砲兵隊財務官的格利古．歐羅夫，他掏空金庫裡的財物，收買禁衛軍的士兵，開始了歷史上著名的政變「貴婦革命」。

在鼓聲咚咚中，禁衛軍在廣場上集合，跪在凱薩琳面前，誓言絕對服從。大批軍隊以她為中心，向塞米諾夫禁衛連隊進軍，一行人前往首都的路上，其他軍團的將領也紛紛率兵加入，形成人數多達一萬四千人的浩蕩隊伍。

穿上禁衛軍制服與軍帽的凱薩琳，這一身勁裝打扮顯得器宇軒昂。結果這個政變滴血未流，輕而易舉就大獲全勝。凱薩琳當時芳齡三十三，充滿魅力的女君主於焉誕生。

掌權之後，凱薩琳展現驚人的治國長才。她修正農奴制度，改善地方制度和司法制度，一方面奠定了專制君主國家的基礎，另一方面則與法國著名思想家狄托、伏爾泰等人友好，自己也著作啟蒙主義方面的書籍，因而享有「啟蒙君主」的稱號。此外，俄羅斯與土耳其二度交戰，瓜分波蘭土地後，俄羅斯的國土擴大至黑海沿岸，人口多了一倍，領土面積擴增至二十萬平方公里。

凱薩琳的時代，俄羅斯是歐洲名副其實的強國。在俄羅斯眾多皇帝之中，只有彼得一世和凱薩琳被稱為「大帝」，自然不無道理。

「貴婦革命」時曾經助凱薩琳一臂之力的禁衛軍將領歐羅夫，以凱薩琳的愛人聞名。相傳凱薩琳的情人無數，孫子尼古拉一世甚至稱她為「戴著王冠的娼妓」。據說凱薩琳的愛人多達三百名，這個說法太誇張了，實際數目應該是二十餘人。

凱薩琳為了省去麻煩，想出「情人選拔制」。她之前的愛人帕裘姆金用這個方法替她選出後選人，然後經御醫檢查候選人身體。

接著由負責面試的侍女判斷候選人的性格與教養，甚至用「具體」的方法檢驗對方的體力，最後再由凱薩琳親自決定。通過決選的人則有幸與大帝同床共枕。

對忙碌的凱薩琳大帝而言，這個方法的確方便又省事。帕裘姆金與凱薩琳是形同多年的夫妻，對於凱薩琳的喜惡瞭若指掌。有一說是，他為了不讓更強的對手出現，一直熱心參與為她尋找人選。

凱薩琳的一生究竟是幸還是不幸，見仁見智。有人說無法與同一個人白首偕老是不幸；也有人說兼具美貌、智慧與地位，而且能與眾美男子有肌膚之親，是真正實現了女人內在的渴望。

看到如此器宇不凡的女性，不禁令人有了這樣的想法：「結婚才是女人幸福的歸宿」的這種陳腔濫調的標語早已不知飛到哪去了。

✠ 奧國女皇瑪莉亞・德蕾莎——奠定奧地利現代國家的基礎

瑪莉亞・德蕾莎（Maria Theresa）生於一七一七年，是奧地利哈布斯堡家族卡爾六世的長女。她的出生並未帶給家族喜悅，因為沒有生下男孩繼承皇帝，數百年來一直統治神聖羅馬帝國的哈布斯堡皇室就要面臨將皇位拱手讓人的窘境。當時的歐洲認為女性無繼承權，然而皇后未生下男孩，卡爾六世於是決定傳位給德蕾莎。為了平息列強的反對聲浪，卡爾定出繼位順序，並且

奧國女皇瑪莉亞．德蕾莎。

哈布斯堡的領土禁止割讓。

皇帝去世後，歐洲各地陸續出現反對德蕾莎繼承皇位。此時德蕾莎二十三歲，但是誰也沒料到，區區一名連帝王學都未研習過的年輕女子，對於列強的壓制竟然昂然不屈。

法國和西班牙提出不認同女性繼承權的看法，紛紛支持自稱具有哈布斯堡王朝繼承權的拜倫侯爵，歐洲各國開始襲擊哈布斯堡帝國。

一七四〇年，距離皇帝去世不過兩個月，普魯士的腓特烈大帝入侵工商業發達的富庶城市修雷，開始了奧地利的繼位之戰。值此混亂之際，法國、拜倫、薩庫等國跟著普魯士擁立拜倫的選帝侯（註）卡爾．阿爾拜為神聖羅馬帝國的皇帝。

就在這危急的時刻，年輕的女皇德蕾莎每天在多瑙河畔飆馬。德蕾莎十分熱中訓練馬匹，大臣們卻不知該如何是好。其實德蕾莎有不為人知的盤算。

當時匈牙利由哈布斯堡皇室統治，但是常與土耳其聯手騷

註：有資格成為神聖羅馬皇帝的公侯。

擾奧地利。匈牙利人酷愛騎馬。對於被四個同盟國包圍的奧地利而言，唯一能仰賴的就是匈牙利。

德蕾莎暗中與匈牙利展開外交。一七四一年六月，竟然以匈牙利女王之姿到該國舉行加冕儀式。德蕾莎身著華麗服飾，手持帥氣鞭轡，馬上英姿魅力四射，匈牙利人為之傾倒。

順利舉行加冕儀式後，德蕾莎真正想做的事才要開始，首先便是說服千方百計想自奧地利獨立的匈牙利貴族。

她有時身著喪服，有時胸前抱著幼子，低聲下氣請求他們援助。五個月後，匈牙利貴族被她一一說動了，決定出力援助。「匈牙利支持名不見經傳的奧地利女皇……」消息傳出後，震驚歐洲各國。

其後是長達八年的「奧地利王位繼承戰」，一七四八年因「阿亨和議」而終結，德蕾莎雖然獲得哈布斯堡帝國認同其繼承權，但普魯士卻仍未讓她返國。

德蕾莎決定不簽署合約。為了抵抗普魯士的侵略，保衛哈布斯堡帝國的唯一方法就是與法國結為同盟。既然如此打算，於是德蕾莎準備與向來友好的英國分道揚鑣，轉而向法國靠攏，同時也計畫接近對普魯士有敵意的俄羅斯。

與宿敵法國結為同盟原本是不可能的任務，之所以能夠完成這個任務，全拜法王路易十五的寵妾蓬巴杜夫人之賜——卡尼茲伯爵以德蕾莎使者的身分抵達巴黎，他的社交手腕與口才高超，成功說服蓬巴杜夫人。

蓬巴杜夫人老早就十分嫌惡鄙視女性的腓特烈大帝，路易十五被她說服後承諾與奧地利聯盟。

嗅出奧地利詭異動向的腓特烈大帝也計畫與英國結盟。一七五六年一月，他與英國結盟成功；三個月後，德蕾莎也宣布與法國結盟。自中世紀末以來一直處於敵對關係的波旁王朝和哈布斯堡皇室的結盟成為歐洲大事。

承認同盟關係的另一層意義就是履行德蕾莎的么女瑪麗・安東奈特與路易十五的孫子（即後來的路易十六）的婚約。腓特烈大帝擔心的是「三件襯裙達成的共謀」，這可是最嚴重的大事。所謂三件襯裙指的就是奧地利的德蕾莎、俄羅斯的伊莎貝塔和法國的蓬巴杜夫人三女傑。

德蕾莎從此獲得朝廷重臣和丈夫法蘭茲的協助，突破各種難關，成為偉大的女君主。奧地利得以成為現代化國家，正是德蕾莎時代所奠定的基礎。

德蕾莎改革中央與地方的行政組織，治安、徵稅、徵兵都直接隸屬王權，排除貴族介入地方政治，使其成為單純的官吏體系，務求國家的權力集中在中央政府。在她英明的領導之下，稅收從她一七四〇年稱帝時的三千萬荷蘭盾，十六年後增加到五千七百萬荷蘭盾。

德蕾莎晚年最偉大的建樹是建立教育制度。在此之前，教育僅專屬於少數的上流階級。為使語言、風俗習慣各異的民族統合成中央集權國家，德蕾莎認為必須使全國民眾普遍接受教育，於是在國內廣設小學。

其次是師資的問題，因為教師並非一朝一夕就可以培訓出來。德蕾莎想到「失業的聖職人員」。她曾經為了改革教會，解散了耶穌會組織，禁止設立新的修道院，一時之間到處都是失業的聖職人員。德蕾莎讓這些知識份子擔任小學老師，擁有謀生能力。這是人盡其才、善用資源的明智決策。

瑪麗亞・德蕾莎和腓特烈大帝的對決，於一七五六年開始的七年戰爭中再度展開。戰局對奧地利、俄羅斯、瑞典等反普魯士的陣營有利，腓特烈落敗，倉皇逃往柏林，甚至想以自殺方式結束生命。然而，一七六二年時俄羅斯的伊莎貝塔女帝去世，由對普魯士友善的彼得三世即位，普魯士與俄羅斯媾和。與三大女傑作戰敗陣的腓特烈大帝此時不過五十一歲，但是外表看起來卻像八十老翁般垂垂老矣。女人不好惹啊！已經領教過的腓特烈大帝想必心有戚戚焉。

小倆口一邊翻閱旅遊手冊一邊討論旅行計畫，也是一大樂事。其實，蜜月旅行的由來也很有趣。

從前的西歐，所謂結婚就是男人一鼓作氣把女人從雙親的手中奪走。兩人為了淡化社會大眾的關心，不得不避人耳目暫時躲藏起來。

就這樣，兩個人在追兵追不到的地方待上一陣子的習慣，變成了後來的蜜月旅行。

這麼一解說，結婚變得一點都不浪漫，請原諒我多言。

結婚

說到結婚禮服、結婚喜宴，大家都覺得沒什麼特別，但是你知道結婚的英文Wedding的來源嗎？

結婚的意思原來是男人娶親時付給新娘家人的禮金（通常是家畜或土地）。以前的結婚並非如今天所想像的美夢成真，而是一樁買賣。

《聖經》裡記載，雅各為了要迎娶叔父的女兒，在叔父家中足足工作了七年。可見即使是叔叔與外甥的關係，也不能白白把女兒送給晚輩。女兒眾多的父親，甚至可以靠嫁女兒所得的聘金變成大富翁。

交換戒指是婚禮中的重頭戲，是雙方誓言永不變心的感人一幕。結婚戒指的起源要追溯到古埃及。圓形代表圓滿與永恆，男女互贈圓形的戒指象徵永遠締結連理。

至於為何要戴在左手無名指呢？原因是古代的希臘人相信無名指的血管與心臟直接相通。此外，古代西方認為右手象徵權力，左手代表服從。

結婚典禮之後就是蜜月旅行。「要到夏威夷還是到歐洲旅行？」

第六章

爲婚外情蠢蠢欲動的惡女

✠ 瑪麗・司圖亞特——暗地偷情報復偷腥老公

日本有段時間流行外遇，老婆上班，老公不安，夜裡輾轉難眠，疑神疑鬼。

現在的年輕女性往往喜愛追求逸樂的人生；跟年長男友要求金援、香奈兒等名牌，享受高級的法國美食，在五星級飯店一夜春宵……。另一方面，從年長男友得到的金援，卻花在與同齡男子的交往。如此欠缺羞恥又貪便宜的女性，在日本社會似乎不少。

至於結婚多年的妻子心裡又怎麼想呢？老公早已不正眼瞧我一眼，他在外偷腥的機會很多，我卻每天忙著帶小孩，被家事追得喘不過氣來。這樣的日子索然無味，我也要享受人生，抓住青春的尾巴……。

偏偏此時參加同學會遇到了昔日的初戀情人。看到比丈夫年輕英俊的他，自己心中小鹿亂撞，情不自禁約好下次再見面……。有這種經驗的人，也不在少數。

偷情這兩個字，一聽便會令人小鹿亂撞。心裡明明知道不該再見面，但某種感官就是會在心裡作祟。可能因為知道這種禁忌逾越不得，心中的欲火便燃燒得越熾烈。一時失去理智暫且縱欲，之後又戴上賢妻良母的面具回到正常的世界。對女人而言，這種雙面的情形說不定也是一種理想的生活。

十六世紀的蘇格蘭女王瑪麗・司圖亞特（Mary Stuard），與英國的伊莉莎白一世是死對頭。

瑪麗・司圖亞特以戀愛經驗豐富著稱。

瑪麗以愛情經驗豐富著稱，伊莉莎白則有「貞女女王」的封號，是品行端正的代名詞。其實兩個人都傳出婚外情，在歐洲曾引起不小的騷動。

瑪麗・司圖亞特是個嬌弱的美女，頗具男人緣。她是蘇格蘭國王的女兒，六歲時許配給後來的法國國王法蘭索瓦二世，十七歲的時候丈夫病死，年紀輕輕就守寡。

瑪麗哭哭啼啼回到蘇格蘭，拒絕若干椿親事，卻對英國貴族丹利一見鍾情，不顧旁人的反對跟他結了婚。

新婚不久，瑪麗的丈夫耽溺酒色，對妻子並未憐香惜玉。丹利成為女王的夫婿卻未擁有預期的權力，心中也有種種的不滿吧。

兩人婚後就傳出不睦。丈夫風流在外，瑪麗也不甘寂寞，為了互別苗頭，搭上深具男性魅力的壯年貴族伯斯威爾。瑪麗與有妻室的伯斯威爾發生婚外情，甚至還懷了他的骨肉。

然而，即使對象是女王，「女人殺手」的伯斯威爾到手之後便露出真面目。原來他一開始覬覦的就是王位，而不是瑪麗。

伯斯威爾激情過後突然變得冷淡，瑪麗為了挽回他的心，哭喪著臉說：「你要什麼都依你，蘇格蘭的王位也好，只要你像以前一樣永遠愛我。」結果瑪麗採取什麼行動呢？他跟姦夫伯斯威爾聯手，在丈夫療養的地方放置炸彈，將丈夫連同房子炸個粉碎。

世人都知道這是瑪麗與伯斯威爾所為，兩人飽受各國的責難，而此時瑪麗肚子裡已懷有伯斯威爾的孩子。

瑪麗心想，這孩子將會成為私生子，一定得想辦法跟伯斯威爾成婚才行，於是著手計畫。某日她在散步的途中，被伯斯威爾為首的一夥人「誘拐」，當晚被強行「凌辱」。

當時蘇格蘭的法律規定，一旦男方強暴女方，就必須娶該女為妻。兩人利用這條法律而得逞，然而這種手法實在太過拙劣，大概只能騙騙不明究裡的一般百姓。

兩人在眾人的指責聲中，半夜悄悄地在教堂舉行婚禮。堂堂的一國女王，所作所為跟今天日本明星的伎倆並無兩樣。

但是當時的蘇格蘭可不像現在的日本這麼好說話。貴族被女王的行為所激怒，暴發動亂，瑪麗遭到襲擊，她跟伯斯威爾決裂後倉皇逃至英格蘭。

如前所述，瑪麗原以為同父異母的妹妹伊莉莎白女王可以依賴，於是遠來投靠。沒想到伊莉莎白女王擔心貴族會因瑪麗信奉天主教而發動叛變，於是狠下心把她關進大牢。瑪麗度過長達十九年的幽禁歲月，最後被送上斷頭台。她的遭遇令人不勝唏噓，但這又何嘗不是自作自受？

✠ 溫莎公爵夫人——因婚外情而獲得幸福的有情人

婚外情多半以不幸的結果收場。例如有的人與原配離婚後再婚，數年後也破局，這樣的故事不勝枚舉。然而婚外情的故事中，也有人恩恩愛愛，獲得長久的幸福。

一九三一年，英國王子愛德華在友人芙妮絲夫人（Lady Furness）官邸所舉行的派對上，遇到後來的溫莎公爵夫人華莉絲。當時華莉絲罹患感冒，愛德華說：「英國並無貴國中央暖氣空調設備，妳一定覺得不自在吧？」華莉絲端莊地微笑說：「美國人常會被問到這種問題，我還以為閣下會比較有幽默感。」

愛德華向來接受旁人的讚美、吹捧，如今遇到談吐坦然的對手，第一次感到自己被當成「一般人」對待。

後來兩人的愛苗急速滋生。一九三六年，英王去世，愛德華以愛德華八世即位，決心要迎娶華莉絲。兩人著手準備婚禮，而華莉絲也與擔任海運公司駐倫敦經理的丈夫阿雷斯特．辛普森正式離婚。

最感到驚訝的是英國民眾。華莉絲稱不上大美人，而且是離過兩次婚的美國女子，作為國王的結婚對象並不適合。

溫莎公爵夫人因為婚外情而獲得幸福。

英國皇室對於這樁前所未聞的醜聞十分不滿，極力勸阻他們的婚事，但是愛德華不為所動。於是內閣表示，國王一旦與華莉絲結婚，內閣便總辭，要求國王在華莉絲和王位中作出選擇。

然而愛德華心意甚堅，表示不能沒有華莉絲，他說：「如果國家不認同我們的婚事，我隨時準備退位。」

一九三六年十二月十日，愛德華簽署遜位宣言。第二天，溫莎城堡播放著名的告別演說。半年後，結婚典禮在法國坎城舉行，受邀出席的來賓只有十六人，英國皇室方面並無代表出席。英國皇室雖然封愛德華為溫莎公爵，但是卻拒絕給予華莉絲溫莎公爵夫人的稱謂。

婚後兩人在各地旅行，最後定居巴黎的官邸。戰後有一段時間，兩人在巴黎、紐約等地居住，過著豪華的社交生活。這對夫妻的戀情以「不愛江山愛美人」而風靡全球，成為各國社交界茶餘飯後的八卦話題。

✠安・寶琳——因不安於室被處斬

現在要說結局相反的故事，安・寶琳（Anne Boleyn）就是因為婚外情而惹來殺身之禍。十六世紀時的英國，國王亨利八世因為妻子凱薩琳未能生下子嗣（懷孕六次最後只生下一名女孩），打算離婚再娶。

亨利八世想離婚還有另一個理由，那就是皇后的宮女安・寶琳的出現。安・寶琳膚色黝黑，身材瘦弱，一雙眼睛水汪汪，秀髮烏黑柔亮，笑聲像鈴聲般清脆悅耳，十分具有魅力。

凱薩琳是前西班牙國王斐迪南的女兒，原本是亨利的哥哥亞瑟的妻子。亞瑟死後，父親希望維持與西班牙的結盟關係，於是硬將凱薩琳嫁給亨利。由於天主教禁止兄弟迎娶同一人為妻，大費周章好不容易才得到教皇朱利歐二世（Pope Giulio II）發布特免狀，才順利完成兩人的婚姻大事。

當初，亨利想要引用這條法律解決與凱薩琳的婚約關係。然而，即使亨利命令渥爾西大法官完成離婚手續，但是經由教皇頒布敕令而完成的婚約關係，可不是這麼簡單就可一筆勾銷的。

此外，凱薩琳相當於是查理五世——現任西班牙國王兼德意志神聖羅馬帝國皇帝——的姑

安・寶琳因通姦被處斬。

媽。羅馬教皇與天主教國家西班牙淵源深厚，根本不可能同意兩人離婚。查理國王也發覺了自己姑媽所面臨的危機，因此立即展開勸阻離婚的行動。

儘管離婚訴訟觸礁，一五三三年一月，亨利仍然堅持與安・寶琳舉行結婚典禮。當時安已經懷有四個月的身孕，為了不讓小孩成為私生子，兩人匆忙完婚。由於與凱薩琳的離婚不成立，亨利八世明顯犯了重婚罪。

勃然大怒的羅馬教皇宣布亨利和安・寶琳兩人的婚姻無效，所生的孩子是庶子。偏偏天不從人願，安生下的小孩竟也是個女兒（即後來的伊莉莎白一世）。亨利雖然有些失望，但還是把與凱薩琳所生的女兒瑪麗貶為庶女，指定與安所生的女兒將來繼承王位。

第二年，議會通過「王權至上」的法令，確認國王信仰英國教會和國家主權認同，並且把新的國家教會命名為「英國國教」。隸屬於羅馬教皇管轄的任免聖職等相關權利如今被賦予在國王身上。

繼克雷蒙德（Clemente）之後擔任羅馬教皇的保祿三世（Pope Paul III）不滿亨利的作風，下令基督教國家的國王對英國宣戰。另一方面，遠在離宮的凱薩琳認為自己才是正統的英國皇后，而百姓對她的際遇也寄予同情。

安唯一的希望就是早日產下龍子，她經常發牢騷：「某某大臣欺負我」、「某某親戚心存惡意」等，甚至歇斯底里，亨利的心早已不在她身上。

亨利不顧懷孕中的安，到處投宿貴族的宅邸，有謠言說他在外面另有情人。安雖然自尊受挫，仍然忍氣吞聲，心想只要能為國王生下子嗣，一切問題就可迎刃而解，也唯有如此才能牢牢繫住國王的心……。

一五三五年，凱薩琳突然去世，看起來這對安而言是大好時機，其實剛好相反。亨利自法律的束縛解脫後，不僅連和安結婚的念頭都打消了，打算跟第三者結婚。安竟然淪落到這種地步，第二年一月，肚子裡的王子就流產了。

謠傳失望之餘的亨利要與新情人珍・西摩爾（Jane Seymour）結婚。珍既非美人也非出身名門，兄弟姐妹多達九人，看來生男孩的機率甚高。

為了擺脫安的糾纏，亨利使出一些手段。這對安而言，或許是當初無視於凱薩琳的存在而與亨利私通的報應，她所付出的代價實在太高了。

宰相克倫威爾（Thomas Cromwell）受國王之命，一步步展開誘騙安的計畫。克倫威爾以高價賄賂支持瑪麗、反對安的人士，要他們捏造對安不實的指控。

結果安被冠上「不貞」的罪名。為調查真相而成立的特別委員會逐一逮捕嫌犯，連安的兄長等在內的四名青年貴族都被懷疑與安有姦情。

五月二日，安遭逮捕被送進倫敦塔。起訴狀中陳述安以親吻、贈禮等方式誘惑四名青年貴族，並應允誰能成功暗殺國王便與他成親。審判過程並沒有提出任何證據，安卻被判死刑。

五月十七日，安眼睜睜看著親生的兄長在刑台上被處死。兩天後的早上，太陽剛升起，安也被帶到倫敦塔的廣場，登上刑台。雖然心中充滿悔恨，但安沒有流淚也沒有驚慌，被斬下的首級在橋邊公開展示了好長一段時間，作為欺騙國王應得的懲罰。

亨利八世以子虛烏有的罪名陷害安，十天之後突然與珍結婚，令世人大吃一驚。

對女人言，紅杏出牆沒有好下場。現實人生中，為了愛情，女人比男人損失得更多。

✠ 伊莎貝塔——紅杏出牆被砌成牆

再舉一個因為紅杏出牆而身敗名裂的例子，故事發生在十四世紀。伊莎貝塔是義大利羅馬的名門望族沙維里家族（Savelli Family）的女兒，這個家族以出樞機主教和教皇而負盛名。伊莎貝塔的結婚對象是一名叫菲利浦伯爵的傭兵隊長，他的職業是「作戰」，今天在羅馬、明天在佛羅倫斯等地來回奔波，四處征戰。

沙維里家族數度僱他為傭兵隊長，伊莎貝塔的娘家其實是夫婿的雇主，所以伊莎貝塔並沒有因為這樁婚姻得到好處。

他們住在伊莎貝塔的城堡，服侍他的也是伊莎貝塔從娘家帶來的女婢。菲利浦能娶到這麼一位富家千金，對於愛妻當然會細心呵護，只要伊莎貝塔想要什麼都盡量滿足，不管伊莎貝塔多任性也絕不反駁。

日漸年長的伊莎貝塔開始有偷腥的念頭。她對於經常外出帶兵打仗的傭兵隊長丈夫早已心生不滿，連對丈夫的百般容忍也感到乏味，最後終於出軌……。

但是，如果她以為老公是個什麼都默許的好好先生，那就大錯特錯了。任性還能忍受，要是紅杏出牆那就另當別論了。菲利浦伯爵暗中調查盛裝外出約會的妻子，赫然發現她外遇的對象竟然是自己的部下里佐。

有一天，菲利浦伯爵突然要出差十天，於是離開家門，伊莎貝塔心中大喜。丈夫一行人出發後，里佐便將留守的士兵灌醉，自己則朝伊莎貝塔的房間走去，兩人陶醉在激情的愛撫中……。

突然房門砰地一聲打開，躺在床上的伊莎貝塔猛然睜開眼睛，看到門口站著武裝士兵，手中刀劍自鞘中拔出，閃閃發亮，而丈夫菲利浦伯爵也在其中。

伊莎貝塔還來不及大叫，數名士兵已走近床鋪，強行拉走里佐，就地在天花板的上樑穿過一條繩索，圈住他的頭，里佐連反抗的時間都沒有就被勒斃了。看到眼前這一幕的伊莎貝塔嚇得直打哆嗦，發不出聲音來。

等著伊莎貝塔的則是更殘酷的復仇。她的頭和雙手被鐵鍊銬住，關在城堡的地下監牢。恐怖的事才要開始。一名士兵莽撞地靠過身來硬是把她的嘴巴掰開，另一名士兵則插進釘拔，用力把牙齒拔出，血淋淋的牙齒咚地被拋在一邊，接著釘拔再繼續伸進她的口中……。

伊莎貝塔瘋狂地掙扎，但是頭和手都被鐵環銬在牆壁上動彈不得。就這樣，伊莎貝塔的牙齒全被拔光，從口中滿溢出來的鮮血和著唾液像瀑布般從兩頰流下，菲莉浦伯爵的臉上浮現陰險的笑容，冷眼旁觀這一切。

伊莎貝塔口腔腫脹，頭痛難忍，像發瘋般口中唸唸有詞。牢房裡穢物流滿一地，伊莎貝塔兩腳蜷縮，屋內瀰漫惡臭。伯爵偶爾來探視，對於她的苦苦哀求充耳不聞，若無其事地離去。

最恐怖的一刻終於到來。一天早上，伯爵讓傭人休假，由數名士兵進入地牢，將伊莎貝塔押到城堡的另一間空房裡。房裡的牆壁上有一個一公尺見方、深五、六十公分的凹洞。

伊莎貝塔意識到自己將遭遇的厄運，發出尖銳刺耳的叫聲，士兵們的反應卻是冷酷的沉默。最後伊莎貝塔被強行塞進牆壁上的凹洞。

不管伊莎貝塔如何哀嚎哭泣，士兵們始終不予理會，開始將一塊塊磚頭砌上。伊莎貝塔的狂叫聲響徹整座城堡，士兵砌完磚牆後，在外表塗上白色的灰泥。

由於時逢初夏，灰泥很快就乾硬了，跟其他牆壁的外觀沒有兩樣。伊莎貝塔在牆裡不管如何咆哮、拳打腳踢，都沒有人聽得到，等待她的只是在恐怖的孤獨中活活餓死。據說，從歐洲古老建築物崩塌的牆壁中，偶爾會發現骷髏和骨頭碎片。

奉勸世上的太太們，不要以為老公忠厚老實就可以欺負。外表看來斯文溫柔的男人，內心深藏的憎恨和執著有時是令人難以想像的可怕。

古羅馬的很多男演員鑲有這種「紮環」，多金的女人都希望追求這種男士。繫有「紮環」的男演員，據說做愛的時候興奮感不斷蓄積升高，在緊張時刻卸下此環，壓抑許久的性欲會瞬間爆發，可以三天三夜都不知疲倦，不斷求歡。

男演員脫下「紮環」之前會露出狠相，向對方要求大筆金額。帶著「紮環」的男演員躺在床上，充滿期待與興奮的女性用手觸摸對方的私處，據說因為欲火中燒，臉上閃耀著陶醉的光輝。

股袋

「股袋」是用來遮蓋陽具的道具。雖說是遮掩，但因安置在合身的長褲上，倒不如說是更加強調重點部位來得恰當。

雖然擔任聖職的人批評「股袋」是「褲中的惡魔」，但對男人而言，可說是講究打扮的修飾手法。股袋的外表看來十分花俏，有金銀色的刺繡，鑲著寶石，上面還裝飾有彩帶或花朵樣式，十分招搖。

沒有自信的人會在股袋裡塞些棉絮或破布，好讓外觀看起來鼓脹膨大，就像現代女性會在胸罩內加些軟墊一樣，兩者有異曲同工之妙。男人下半身帶著公牛頭般巨大的股袋，在街上晃蕩時很自然會吸引女人的目光。

你知道嗎？在古羅馬時代，男性的下體有所謂「陰莖封鎖」的習慣。

首先將龜頭下壓，拉起包皮，在兩端穿孔用細線紮起。為避免傷口癒合，一段時間內每天要將線拉動一下。到了傷口好不容易癒合的時候，再接上俗稱「紮環」的金屬物。因為平時會覺得不便，所以會收在木製的鞘裡，吊在腰帶上。

第七章

復仇女神

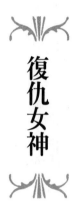

✠ 米蒂亞——糟糠之妻復仇記

被橫刀奪愛的女人往往會變得醜惡不堪。傳說曾經有一名女子被心愛的男人欺騙，於是懷恨在心，最後放火燒男方的家，將他的孩子殺死。看在外人眼裡，這名女子的行為乖張、過於殘酷。但是從她失去理智的行為裡，卻隱約透出被男人始亂終棄的悲哀。女人痴心地以為終究可以和對方成為神仙眷侶，忍氣吞聲過著不公開露面的低調生活。一旦發現一片真心被糟蹋時，女人會變得十分恐怖。

說到復仇，最有名的就是希臘神話中的米蒂亞（Medea）。米蒂亞是阿伊國的公主，依歐國（Iolcus）的王子傑森（Jason）千里迢迢來到阿伊國要取回原來屬於依歐國的金羊毛。

但是，米蒂亞的父親阿伊王（Aetes）卻表示，想要取回金羊毛就必須完成艱鉅任務：馴服阿雷斯神森林裡的噴火牛，用牠犁田；將殺害特巴伊王國建國者卡德默斯的巨龍之牙撒在大地上，並打敗由龍牙所變成的士兵。眾所周知，戰神阿雷斯的巨龍牙齒所變成的士兵生性兇殘，必定會殺死奉命前來的人。

米蒂亞對傑森一見鍾情，決定背叛父親協助傑森取回金羊毛。她交給他具有魔力的靈丹，將它塗在身上便可以所向無敵，即使從大地生出來的士兵的手中長槍，以及公牛口中吐出的烈燄，也無法傷害他。

傑森拜魔藥之賜，順利取回金羊毛，心想長期居住在此無益，於是計畫帶著心愛的米蒂亞乘船逃離。得知他們逃離消息的阿伊王派出大批軍隊在後追趕，率領大軍的則是米蒂亞的胞弟，也就是以勇猛著稱的阿普王子。

米蒂亞向傑森獻計：「派遣使者請我弟弟前來相見，就說我有要事跟他商量。我們準備了談和的禮物。」兩人約在阿魯神殿見面，弟弟勸米蒂亞回國，米蒂亞也表現出悔恨的樣子。此時埋伏在樹後的傑森揮舞著刀劍現身，說時遲那時快，揮刀將阿普刺死。

米蒂亞背叛父親，設計殺害親弟，只因為深愛著傑森。歷經千辛萬苦終於回到祖國依歐的傑森與米蒂亞結婚，兩人生有二子。

度過了一段幸福的家庭生活，終於有一天，米蒂亞出現強勁的情敵。科林斯的克雷恩國王告訴傑森，只要娶他的女兒為妻就可以繼承他的王位。美麗的妻子附帶王位繼承權，這樣的條件沒有男人不心動的，而傑森竟然也開口答應了。

最悲哀的是被丈夫背叛的米蒂亞，她出賣父親，害死胞弟，捨棄故國家園，為愛不惜犧牲奉獻一切，卻眼睜睜地被拋棄，真是情何以堪！克雷恩國王甚至下令要米蒂亞和孩子離開依歐國。米蒂亞帶著兩名幼子，今後該何去何從？

面對口出惡言的米蒂亞，傑森竟然搬出似是而非的理論：「跟公主結婚後，孩子們順理成章成為王室的親戚，這應該是值得高興的事。」丈夫竟然會說出這種話，真是何其殘忍啊！

恨得發狂的米蒂亞暗中計畫復仇的行動。她裝出後悔的模樣，懇求說：「為了孩子的幸福，我到哪裡都無所謂，只希望你能收留這兩個孩子。」並且遞上金色刺繡的薄絲衣服和金色的后冠作為送給公主的禮物。

公主從傑森手中接過禮物，芳心大悅。然而，恐怖的事情接著發生。公主戴上后冠，穿上薄絲的衣服，得意洋洋地端詳鏡中的自己時，突然眼睛抽搐，口吐白沫，發出恐怖的驚叫聲。后冠和衣服冒出熊熊火焰，逐漸吞蝕身體。公主拚命想摘下頭冠、撕開衣服，一眨眼功夫，公主已一片血肉模糊，全身被火熔成液體滴滴答答地流下。

克雷恩國王聞訊後趕來，抱住倒在床上的女兒，未料公主穿的衣服碰到國王之後緊緊黏住，用力一拉，國王的骨肉分離，最後也慘死在公主身旁。

得知噩耗的傑森氣得全身顫抖，衝到米蒂亞的住處大叫：「米蒂亞在哪裡？恐怖的女人，給我出來！」大門吱吱嘎嘎地打開了，走出來的是手中拿著劍、全身沾滿鮮血的米蒂亞。

「妳、妳竟然連親生骨肉都……」傑森嚇得直打哆嗦。米蒂亞殘酷地高聲大笑：「這不是我造成的，是你邪惡的心害死了孩子。你竟然背叛對你付出一切的妻子，現在你知道會有什麼下場了吧！」

米蒂亞一邊說一邊把孩子的屍體放到傑森的面前，傑森憤怒地說：「妳給我記住，我一定要報仇！」米蒂亞憤怒地回答：「你儘管叫，神的耳朵是不會聽背叛者的聲音。」

傑森後來失魂落魄，孤單一人在各地流浪，甚至連向人乞討一塊麵包也被嘲笑、丟石頭，苟延殘喘了若干年，據說晚景淒涼，死無葬身之地。

男人背叛糟糠之妻的下場，真是悽慘！傑森終於知道女人的恐怖面目。西元前四三一年，雅典的評審選出《米蒂亞》這齣悲劇為該年度最糟糕的作品。對於強調順從男人為女性美德的時代，這齣劇的出現無疑是驚天動地的一樁大事。

✠ 碧翠絲・森希——被父親強奪貞操動殺機

十六世紀義大利的短命美女碧翠絲・森希（Beatrice Cenci），出生於羅馬首屈一指的名門望族。男主人法蘭西斯科暴虐無道，在碧翠絲十五歲那年竟然強暴親生女兒，奪去她的童貞。

城堡的執事奧林匹歐暗暗愛慕碧翠絲，對她被父親虐待、騷擾十分同情。碧翠絲一面沉迷在奧林匹歐溫柔的愛撫中，腦中卻是與她嬌憐的外貌截然不同的恐怖念頭。她痛恨父親奪去她的貞操和幸福，痛恨他不斷玷污她的肉體和心靈，心想唯有把父親殺死，才能自地獄般的生活中解脫。

在碧翠絲滿腹心機的溫柔攻勢下，奧林匹歐開始思索如何結束法蘭西斯科的性命，把碧翠絲從父親的狼爪中救出來。碧翠絲的哥哥傑可摩也加入殺害父親法蘭西斯科的計畫。

無法忍受父親暴虐的碧翠絲，一心想英雄救美的執事奧林匹歐，以及在外欠下巨額債務、想用父親的遺產還債的傑可摩，三人利害關係一致。甚至連繼母綠克蕾西亞和馬伕馬西歐也暗中加入這個計畫。暴虐無道的法蘭西斯科，果真樹敵無數。

天衣無縫的計畫開始展開了，一五九八年某個夜晚，碧翠絲在酒中摻入鴉片企圖讓父親熟睡。第二天一大早，奧林匹歐和傑可摩兩人偷偷潛入法蘭西斯科的臥室，其中一人一手按住法蘭西斯科的胸膛，另一手用鐵鎚猛打頭；另一個人則以擀麵棍用力揮打，法蘭西斯科當場一命嗚呼。

接著眾人扳開陽台的地板，將屍體推下，女人們把沾滿鮮血的床單和墊子切割成小碎塊丟進便器，布置成是從陽台不小心跌落摔死，然後在陽台上大聲呼救。

聞聲趕來的村民將屍體運至屋內，再脫去他的衣服，清洗傷口，發現頭部右側有三道傷痕，靠近太陽穴的兩個傷痕像是斧頭一類的鈍器所為，耳朵旁的傷口深入骨中，看起來都不像是被樹枝刮傷的痕跡。

奧林匹歐急著要神父儘早把屍體下葬，這反而令社會大眾起疑。法蘭西斯科被暗殺的謠言甚囂塵上，警察來到命案現場調查，查出城堡地板上的洞是新近才被敲開的，洞口狹窄到不可讓人能從中失足，警察於是挖開法蘭西斯科的墳墓驗屍，法醫證實屍體上的傷痕是類似斧頭的鈍器所為。

當局派人到碧翠絲等人住所逮捕嫌犯，前馬伕馬西歐和繼母綠克蕾西亞、哥哥傑可摩，甚至連么弟斐南度，全被赤身裸體、雙手反綁吊在滑輪上嚴刑拷打。

眾親友就在碧翠絲的面前被拷打，因為不堪折磨一一坦承參與犯案，碧翠絲仍然沉著鎮定，矢口否認犯行：「全是無憑無據的話，我不記得我殺死了父親。」她跟被反綁的兄弟一樣被高高吊起，痛不欲生，終於俯首認罪，承認殺害親生父親。

這一干人被判死刑，人們卻同情起碧翠絲的遭遇，紛紛向教皇陳情。教皇並未下達赦免令，據說是因為森希家族滅絕後，會有大筆資產落入教會手中。

一五九九年九月十一日，芳齡二十二歲的碧翠絲在斷頭台上結束短暫的一生。碧翠絲悲劇的一生，帶給法國大文豪斯湯達爾、英國詩人雪萊，以及眾多藝術家不少創作的靈感。

✠ 胡蕾蒂康vs.布里努歐——兩大美女纏鬥二十二年

西元五六一年，中世紀的歐洲發生一則著名的復仇故事。當時的法蘭克王國領土分為三塊，長子西朱培爾一世擁有奧斯托拉希亞，二子希爾培立克一世擁有納斯托利亞，三子甘朵蘭則擁有勃艮地。

希爾培立克喜愛狩獵和戰爭，是個作風豪邁、具男子氣概的國王，他寵愛皇后的一名侍女叫做胡蕾蒂康。野心勃勃的胡蕾蒂康在國王面前惡意中傷皇后，希爾培立克便將皇后連同幼子一起幽禁在修道院裡。

正當胡蕾蒂康以為后座唾手可得的時候，事情卻有了轉變——希爾培立克打算迎娶西格德王國的公主葛斯溫。這是因為他的哥哥西朱培爾不久前迎娶了西格德的公主布里努歐為妻，布里努歐不僅帶來大批嫁妝，本身亦是絕世美女，希爾培立克也想如法炮製。

希爾培立克很快地去提了親，而西格德王國的公主布里努歐的姐姐葛斯溫也同意這門婚事。希爾培立克十分迷戀新進門的妻子，對昔日的戀人胡蕾蒂康視若無睹。妒火中燒的胡蕾蒂康僱用一名刺客勒死葛斯溫，自己便登上了皇后的寶座。

西朱培爾的皇后布里努歐得知姐姐的死訊時，萌生了殺機。她怒不可遏，發誓要向胡蕾蒂康討回公道，為姐姐報仇。從此號稱兩大美女皇后的胡蕾蒂康和布里努歐開始了命運大對決。兩位女性澎湃的復仇心和敵對意識，可說是驚天動地。

西元五七四年，西朱培爾和希爾培立克開啟戰端。起初是奧斯托拉希亞一方佔優勢，但是胡蕾蒂康派遣一名刺客埋伏在西朱培爾國王身邊。刺客潛伏在敵營，趁著敵軍大肆慶功時，用塗有毒藥的匕首將國王刺死了。

奧斯托拉希亞大軍因而潰散，皇后布里努歐得到忠臣流皮斯的協助才好不容易逃到巴黎，但卻成了希爾培立克的俘虜。然而，希爾培立克和兒子梅洛培兩人都為她的絕代美色所傾倒。

梅洛培趕緊救出布里努歐舉行婚禮，但憤怒的希爾培立克卻設計將她誘出，布里努歐中計之後被逮捕，後來因為忠臣的安排才得以順利脫逃。她與流皮斯合作，再度計畫打倒胡蕾蒂康。

後來胡蕾蒂康的宮廷裡接連發生死亡事件：先是梅洛培自殺，而後是胞弟葛羅比斯被暗殺，連希爾培立克的前任皇后也慘遭毒手……。胡蕾蒂康甚至在狩獵宴會上，在丈夫希爾培立克的酒中也動了手腳。

丈夫死後，胡蕾蒂康終於大權在握，之後的十幾年中，兩位皇后間的戰火持續延燒。西元五九六年，布里努歐在兒子去世後封孫子為王，由她開始攝政。由於胡蕾蒂康攻進巴黎，布里努歐必須迅速趕赴戰場。兩軍在國境附近對決，兩位年事已高的女王都披掛上陣，顯得威風凜凜。胡蕾蒂康背後有兒子克羅達爾，布里努歐背後則有兩名孫子相隨。

經過了一場浴血之戰，結果是納斯托利亞大軍領先，布里努歐火速騎馬逃離。胡蕾蒂康站在山頂上，看到了飄著白髮的布里努歐逃去的身影。

「立刻追捕，活捉布里努歐！」胡蕾蒂康發號施令時突然劇咳，在馬上痛得彎下身來，嘴角淌出鮮血。胡蕾蒂康罹患嚴重的肺病，尚未細細咀嚼勝利的滋味，便在第二年去世了。

兩國的對立關係在她死後仍未結束。胡蕾蒂康的兒子成了布里努歐的新敵人，戰火繼續延燒達十六年，直到西元六一三年才告終。女人固執起來真是嚇人！

垂垂老矣的布里努歐性情大變，殺死了違逆她的孫子或曾孫，殘酷的手法不亞於先前的胡蕾蒂康不滿其暴政統治的貴族們揭竿而起，逮捕布里努歐，迎接敵營的克羅達爾二世即位統治。

當時布里努歐已是八十歲的老嫗，克羅達爾的殘暴不亞於母親，拷打她三天三夜，再將她的頭髮綁在馬尾上，然後鞭馬讓馬急馳，布里努歐全身赤裸被馬拖行，最後四肢撕裂，血肉模糊，在痛苦中慘死。

胡蕾蒂康與布里努歐兩大美女間長達三十八年的對決，終於劃下休止符。布里努歐的傾城之美在《尼貝龍根之歌》中有所描述，到現在仍廣為流傳。

✠ 卡特麗娜．斯福爾扎——「混帳東西！孩子要生幾個就有幾個！」

說到復仇，就不能不提十五世紀被稱為義大利第一女傑——佛利與伊莫拉的城主——卡特麗娜．斯福爾扎（Caterina Sforza）的故事。

卡特麗娜是米蘭大公爵庶出的女兒，十一歲的時候嫁給羅馬教皇西斯托四世的外甥里亞李歐伯爵。里亞李歐伯爵是教會軍隊的司令官，羅馬的軍事和政治大權一手在握，第一夫人卡特麗娜在他身邊過著富貴的生活。誰知風雲變色，一四八四年，教皇突然去世，失去靠山的里亞李歐伯爵也被叛亂份子殺害，卡特麗娜和幾名幼子全部被捕。

但是個性冷靜的卡特麗娜早已暗地採取行動，被捕之前便已派遣使節火速前往娘家米蘭求救，同時命令領地佛利的代理城主固守城池。一切安排好之後，她向敵軍表明：「我去說服代理城主棄械投降，交出城堡。」巧妙地使反動者中了她的圈套。卡特麗娜被釋放後進入城堡，城主淚流滿面相迎，但卡特麗娜進入屋內便蒙頭大睡。另一方面，痴痴等待她回來卻遲遲不見蹤影的叛亂者發現中計了，發狂似地把人質——卡特麗娜的孩子們——帶到城堡前，想利用親情逼她就範。

被劍抵住的孩子嚎啕大哭，聽到哭聲的卡特麗娜走到城牆上。

「不立刻回來的話，妳的孩子就沒命！」叛軍威脅道。

被譽為義大利第一女傑的卡特麗娜・斯福爾扎，她的生命中不能沒有愛情。

卡特麗娜聽了竟回答：「混帳東西！孩子要生幾個就有幾個！」頓時撩起裙襬，令叛軍目瞪口呆。就在這一瞬間，從城堡飛來砲彈，叛軍落荒而逃。

卡特麗娜想要爭取時間的計畫終於成功，兩週後米蘭的援軍趕到。叛軍半夜悄悄地撤離佛利，米蘭援軍的將領帶著卡特麗娜凱旋而歸，孩子們也平安無事。

後來卡特麗娜任命幼子歐塔比亞諾為佛利城的城主，自己則退居幕後。年過三十風韻猶存的卡特麗娜，是個沒有愛情就活不下去的女人，情人是小她八歲的賈柯摩。

卡特麗娜極迷戀賈柯摩，一四九〇年與他秘密結婚，而意氣風發的賈柯摩還不知足，竟然排擠城主。有一回，家臣全員到齊，兩人當眾發生口角，賈柯摩突然站起身來，毫無顧忌地把椅子朝歐塔比亞諾的臉頰扔去。

從此以後，家臣同情歐塔比亞諾，並憎恨賈柯摩，甚至計畫暗殺賈柯摩。一四九五年八月二十七日，狩獵回來的賈柯摩和卡特麗娜等一行人走到城門的橋上時，眼前突然出現一名男子擋住去路，他是策劃暗殺陰謀的主腦人物葛帝。

當受到的驚嚇馬匹往上一躍、賈柯摩拉緊繮繩時，葛帝趁機襲擊，用匕首朝他的腹部刺去，賈柯摩搖搖晃晃從馬上跌下，接著從暗處出現數人偷襲，賈柯摩被刺得如蜂窩般的屍體被扔到井裡。

卡特麗娜抱著愛人的屍體泣不成聲，之後突然止住淚水大聲說：「我自己家的事自己解決，無須旁人插手。」她因氣憤和悲傷而抓狂，開始冷酷地復仇。

首先遭逮捕的葛帝裸身被吊在大教堂的陽台上，同夥的七人經嚴刑拷打後，身體被綁在馬後拖行。好不容易抵達城門前停下時，七人中僅兩人氣息尚存，其他人早已血肉模糊，最後和葛帝的屍體一起吊在陽台上。

叛亂者的家族也遭遇到殘酷的復仇，葛帝的家人被活生生丟進水井裡。卡特麗娜下令所有陰謀者都要滿門抄斬，每天都有人被逮捕判刑。十天之內約有四十人被判死刑，五十人入獄，據說羅馬地方的居民聽到她的殘酷行徑都嚇得全身打顫。

卡特麗娜後來迎戰想統一義大利的西薩·波嘉的軍隊，在抵抗一個月之後敗陣，最後打開城門被捕。當時西薩．波嘉二十五歲，卡特麗娜三十七歲，她雖然已過了青春年華，但美貌依舊，好色的西薩將卡特麗娜帶進屋內，三天三夜征服她的肉體。另有一種說法是，卡特麗娜對於自己的魅力甚具信心，主動獻身作為交易。

不知是否因為如此，卡特麗娜最後保住一命，幽禁一年後以放棄佛利主權為條件被釋放，此後她致力於宗教，整個人完全改變，虔誠地度過餘生。

所措。曾經有年輕的妻子對丈夫抱怨：「我的人生已經沒有希望了。我夢見永恆的愛，夢見我的身心都燃燒著激烈的愛情。」

面對女人強烈的不滿，男人毫無辦法，只是驚慌失措，據說有的丈夫向友人哭訴：「快幫幫忙，我的人生已經一片漆黑。老婆不愛我了，她整天坐在沙發上發呆，我說什麼也不回答。她眼神一片迷茫，只沉浸在愛情小說的世界裡。我到底該怎麼辦才好？」

戀愛指南

十九世紀的法國出現一種教授戀愛的秘笈，其中包括女人如何利用昏倒術、歇斯底里吸引男人，甚至連自殺的方法都介紹。

書中甚至教導女性身上經常帶著匕首或手槍，以防愛情走到盡頭時，可若無其事地讓刀或槍從床上掉落，口中哀嘆愛情已逝，如此演出效果會更佳。

詠嘆的句子也因對方的職業而有所不同。例如情人是醫生或是藥劑師，要說：「我心已死。我喝下的毒藥效力不夠，趕快賜我撫慰破碎心房的鎮痛劑，給我良藥來治我難醫的苦痛。」書上建議如此大叫。

當時的社會盛行自殺。一八二七年時自殺人數有一五四〇人，一八三七年已攀升到將近兩倍，之後人數仍然持續增加。這與革命後社會動盪不安有關，但是當時的報紙報導：「更重要的原因是浪漫思潮盛行，自殺是因為『無法壓抑的激情』。」

浪漫詩和小說一旦變得流行，陶醉其中分不清夢想與現實的妻子，往往不堪婚姻生活的枯燥無趣而要求離婚，做丈夫的也變得不知

第八章

妒火中燒的惡女

✠ 姬拉——貞潔女陷入不倫

無論男女，愛得越深就越想把對方據為己有，但是男人畢竟佔有欲強了一點。約會的時候，要是在路上遇到美女，男人會不經意地朝對方走的方向看去，而女方總是嘟起小嘴說：「你有沒有在聽我說話啊？」妳有這樣的經驗嗎？

這種小小的吃味無傷大雅，然而女人一旦被激怒，後果實在難以想像。這裡要介紹幾則女人嫉妒的恐怖例子，好讓男人引以為戒。

十四世紀義大利中部的某個小鎮住了一位叫龐德福的青年。他是個喜愛有錢女人的美男子，與三十九歲的有夫之婦姬拉發生戀情。他從和人妻子的偷嚐禁果裡，享受興奮的刺激。

龐德福只是想偷吃，姬拉則難以自拔。她是謹守婦德的貞烈女子，一旦陷入感情的漩渦便越陷越深。

每當丈夫外出，姬拉就邀龐德福到家中偷情。她叫下女通知龐德福，等他到達後就帶入女主人的房中。姬拉背著丈夫偷人，越是偷偷摸摸越覺得緊張刺激，兩人欲火焚身，在床上翻雲覆雨。

從這整個事情看來，不過就是偷情罷了。然而，事情的發展並非如此。

某日，姬拉發現身體不對勁，由丈夫陪同就診。醫生仔細檢查姬拉的身體後，將她的丈夫請到另一間房裡，告訴他不幸的消息：姬拉大概活不過一年……。

丈夫聽了之後有如青天霹靂，醫生建議不要讓他妻子知道，好讓她幸福地度過餘生，因此約定保守秘密。不料有一天，丈夫不由自主地淚流滿面，姬拉覺得奇怪，責怪他說：「到底怎麼回事，老實告訴我！」丈夫被迫說出真相，姬拉知道自己的生命剩下不到一年。

丈夫鼓勵她：「千萬不可以放棄最後的希望。我們一起努力。」姬拉卻是一臉茫然。佔滿她心中的是瘋狂的嫉妒心。「我死了之後，龐德福一定會立刻找別的女人，而且是比我年輕貌美的女人，轉眼之間便把我忘得一乾二淨。」這麼看來，與其說她是對死亡的恐懼，還不如說是被嫉妒之火所困要來得恰當。「我不想死後留下他，要死那就一起死……。」

姬拉躺在床上，滿腦子想的都是這件事。有一天，她的視線突然停在屋角的一個箱子上。那是一個長約二公尺、寬度和高度約五十公分的堅固木箱，是姬拉出嫁時帶來夫家的妝奩。

這只木箱平時用來存放衣服和寢具，兩側有通風孔，一旦上鎖，從裡面一定打不開，而且木板十分厚實，在裡面怎麼叫外面也聽不到。「太好了，就這麼辦！」姬拉一心思索著這個主意，興奮得睡不著覺。

第二天早晨，姬拉差下女到龐德福的住處把他找來，這一天難得丈夫在家，正是大好時機。晚飯後，丈夫進入書房，龐德福依約定的時間到達。下女躡手躡腳將他帶進姬拉的房間，聽到暗號的姬拉打開房門迎接，接著就跟往常一樣，兩人瘋狂地愛撫……。

此時，下女急忙前來：「大事不妙了，主人正朝這裡走來！」

龐德福驚惶失措，準備逃走，姬拉說：「現在逃來不及了，趕快藏在箱子裡。」

龐德福聽從建議，躲入箱中，把蓋子蓋上，姬拉趁他不注意，將鑰匙鎖上。

「身體還好嗎？」丈夫一邊進房一邊問。

「我知道自己活不久了，只有一個請求。」

姬拉說：「我死後，希望你把這個箱子跟我一起下葬，這裡有母親和我小時候的回憶，對我而言非常重要。」

丈夫不覺落淚，保證絕對如她所願。

大吃一驚的龐德福，知道自己上當受騙卻為時晚矣。當時婚外情於法不容，萬一東窗事發，被殺死也沒得埋怨。沒辦法，只好安安靜靜，等待機會逃走……。

不久之後姬拉去世，黃昏的時候，送葬隊伍慢慢地朝墓地走去。姬拉的丈夫走在搬運棺材的男子後面，接著由馬車搬運長箱。巨大的墓穴中放進了姬拉的棺木和長箱。

覆土到某一階段後，掘墓工人心想第二天再繼續，於是放上大石頭壓住木板後離去。留在木箱裡的龐德福一邊拚命咚咚地敲打四壁、放聲大叫，一邊往上死命地想推開箱蓋。

就在這大難臨頭的一刻，姬拉的外甥和友人認為長箱之中必定藏有金塊，於是偷偷來到墓地。他們搬開大石頭和兩邊的木板，進入墓穴中，再用工具開始動手，牢固的箱子鎖頭終於有些鬆動了。

從蓋子的空隙用力一撬開，箱子裡瞬間傳來狂叫聲，只見一名男子從箱中死命地爬出來。盜賊則嚇得倉皇逃跑。

龐德福在千鈞一髮之際撿回一命。他後來與平凡女子結婚，在和幾名同伴飲酒作樂有了幾分醉意時，他常奉勸朋友：「女人非常恐怖，你們一定要小心，再小心。」至於自己是如何被整的事卻隻字不提。

各位讀者，這故事夠驚險吧，女人嫉妒起來是很恐怖的。知道女人的厲害了吧。請牢記：女人是千千萬萬玩弄不得的。

✠ 胡安娜──「休想要我再跟妳上床！」

前面講的是因為女人的嫉妒而幾乎喪命的例子，現在要講一則女人因為嫉妒而毀滅自己的故事。

胡安娜（Juana）是西班牙皇后伊莎貝拉的次女，也是雙親的掌上明珠，十六歲的時候嫁給伯哥紐的哈布斯堡家族的菲利浦王子。但是一開始，這樁婚事就蒙上了一層陰影。

一四九六年八月，載有一萬五千大軍由一百二十艘船隻組成的武裝艦隊開往胡安娜下嫁的布魯塞爾。艦隊在暴風雨中航行，將近一個月的勞頓後好不容易抵達目的地，然而不僅住的地方準備不足，連夫婿和皇帝都不在宮中。

哈布斯堡家族見到大批船隊後來大吃一驚。新人相見則是一個月以後的事，新郎菲利浦一見到新娘胡安娜就說：「把第一個遇到的僧侶帶來，即刻舉行婚禮。」

正在睡午覺的僧侶被吵醒，匆匆舉行結婚儀式。菲利浦王子還沒等到晚上就跑到新娘的臥室。胡安娜先是嚇了一大跳，後則心中竊喜可能是丈夫迷戀自己。

但是，她很快就發覺完全不是那麼回事。夫婿菲利浦是個美男子，卻也是個無藥可救的花花公子。他利用閒暇出入夜巷，在妻子的面前掀撩女官的裙子，甚至撫摸她們的胸部。胡安娜每天悶悶不樂，心中妒火中燒。

由於丈夫與女人的關係複雜，胡安娜變得精神異常。她經常穿著黑衣，不出聲地躲在暗處，將侍女支開到遠處。

胡安娜於一五〇〇年產下長子卡爾。有一說是胡安娜為了監視丈夫，即使身懷六甲也勉強出席宮廷舞會，還在途中產下兒子，即後來的西班牙國王查理五世。

由於祖國西班牙王位繼承者胡安早逝，而嫁至葡萄牙的長女伊莎貝拉和其子米凱也相繼去世，因此西班牙的王位繼承者非胡安娜莫屬。

母親伊莎貝拉為了早日完成王位繼承的事，催促胡安娜盡快和夫婿拜訪西班牙。但是夫妻倆一到西班牙，菲利浦就因為不喜歡鄉下的窮酸氣而打道回府，只剩胡安娜留在娘家。胡安娜正巧懷有身孕，母親伊莎貝拉覺得不宜長途旅行，便在一旁照顧女兒。

胡安娜順利生下次子，但是對夫婿現在的狀況卻十分著急，「他會不會到處留情？為什麼把我留在這裡不管。莫非我已經被拋棄了？」

幾近瘋狂的胡安娜大叫：「無論如何我都要回去法蘭朵讓你瞧瞧！」她披頭散髮、赤腳穿過走廊向城外奔去。士兵趕上前去阻止她，將城門關閉、城橋往上升起。「這是命令，快把城門打開，放下城橋！」胡安娜的眼睛佈滿血絲，用身體撞向關閉的城門。她束手無策，索性坐在城牆的步哨台直到了夜裡一動也不動。母親伊莎貝拉聽說後，抱病疾馳九十公里的路程趕到。

無計可施的伊莎貝拉只好將胡安娜送回布魯塞爾。胡安娜一進宮就一把抓住跟丈夫身旁的寵妾頭髮一刀剪斷，還把剪刀抵在寵妾的面前。菲利浦實在忍無可忍，大叫：「休想要我再跟妳上床！」

菲利浦還解雇服侍胡安娜的西班牙侍女，這讓胡安娜暴跳如雷，把自己鎖在房裡。哀傷的胡安娜向樓下丈夫的房間大叫：「回答我，你在房裡吧？」整夜都用尖銳的東西在床上劃過。

一五〇四年，伊莎貝拉女王駕崩，菲利浦覬覦西班牙王位，進入葛西亞地區的拉克尼亞港。他數度想篡奪胡安娜的王位，胡安娜堅稱：「只有我，只有我才是女王！」堅決不讓出王位。有一說是胡安娜藉著裝瘋想保住王位。

數月後，出差到西班牙的菲利浦因為急性肺炎去世，胡安娜的行為也變得更為異常，將裝有丈夫遺骸的棺木拖到卡斯提利亞的荒野。

她的目的地是母親伊莎貝拉長眠的格瑞那達，距離該地還有七百公里的路程。棺木先行在前，由誦經祈福的僧侶一行人陪同前往，他們白天在教堂休息，晚上夜幕低垂時，頂著凜冽的冬風在荒野中行進。

在這期間胡安娜經常停下馬車，打開棺木，親吻已生蛆的丈夫遺骸。因為她相信某位祭司的話，以為這麼做丈夫便會復活，也可能是對最終屬於自己的丈夫感到疼惜吧。

胡安娜的父王斐迪南把她幽禁在白鸛塔（Torre de las Ciguenas）的修道院。胡安娜在牢裡用手抓飯吃，躺在石板床上睡覺，大小便流洩一地。發起瘋來會隨手抓東西亂丟，周圍的侍女嚇得紛紛走避。

嫡男查理因為代理王權的事來訪，胡安娜還是堅稱：「只有我，只有我才是女王！」臨終前她仍是「日不落的西班牙大帝國」女王，繼續掌權。

雖然國政委由查理治理，但關在牢裡長達五十一年的胡安娜依舊是正式的女王。

這段期間是西班牙最輝煌的時代，擁有墨西哥、祕魯的黃金，那不勒斯王國和米蘭大公國也被納入它的版圖，國王兼任神聖羅馬帝國的皇帝，在他的統治下，馬傑朗完成人類歷史首見的壯舉——環遊世界一週。然而，真正的西班牙女王卻被關在白鸛塔，逐漸被世人遺忘……。

一心一意鍾愛丈夫的女王胡安娜，卻被喜歡到處留情的丈夫冷酷地玩弄。她神經失常的背後，其實有著不容打倒的毅力。

嬌柔的形象。

外國電影中經常出現女人昏倒的場景。有人說是因為束衣穿得太緊，其實未必全是這個因素吧。

昏倒術

十九世紀末，當時的人認為女人失戀時悲傷的神情最具魅力，因此像病人般面色蒼白的化妝方式大受歡迎。

女人故意睡眠不足好讓眼睛四周出現黑眼圈，如果效果不明顯，便喝下麻藥，讓眼眶四周變黑。甚至還有人為了瘦身而喝檸檬汁或醋，刻意把腸胃搞壞好顯出一臉的病容。

女人如果好吃會被視為沒有氣質，因此在他人面前飲食被嚴加禁止。例如英國浪漫派詩人拜倫就很討厭看到女人的吃相，倫敦社交圈的上流社會男子，不過是看到女友吃萵苣菜就會決定分手。

更不可思議的是，容易昏倒被認為是有女人味的證明，因此當時的女人不斷練習如何隨時隨地都能昏倒。訓練之後，果然可以學會昏倒的技巧，不管是昏倒一分鐘或是一個小時，都能隨心所欲。

高興的時候昏倒，悲傷的時候昏倒，丈夫晚歸也昏倒，不管聽到什麼都暈倒。男人認為這樣弱不禁風的女人保護不了自己，什麼也做不了。

女人也刻意讓對方有這樣的想法，小心翼翼地保持在男人心目中

第九章

有權者難以抗拒的「魔女」

✠ 蒙特斯邦侯爵夫人——在法國宮廷享有「正式寵妾」的身分

寵妾，就是有權力者寵愛的妻妾，衛道人士聽了可能會皺眉頭。美貌、性愛技巧，或是待人圓融的處世之道，全都被認為是女人飛上枝頭的最佳途徑，能受到權力者垂青的女人可不是等閒之輩。

寵妾制度最盛行的時代，當屬路易十四的時候。有「太陽王」之稱的路易十四在凡爾賽宮君臨天下，與女性的關係也令人難以望其項背，其中最艷光照人的就屬蒙特斯邦侯爵夫人（Madame de Montespan）。

法國宮廷允許國王擁有一名正式的情婦，也就是在眾多的交往對象中挑選一名女性成為「正式寵妾」。「正式寵妾」與地下情婦的身分截然不同，不僅獲得正式的地位，還可以會見國外使節、參與國事，甚至可以行使超出皇后以上的權力。

寵妾要順利執行被賦予的任務，光有美貌和性魅力是不夠的，還必須具有政治手腕、處事圓融，以及察言觀色、掌握人心等能力。就此而言，蒙特斯邦侯爵夫人不僅有光滑潔白如大理石般的肌膚，臉頰粉嫩有如薔薇，身材豐滿，而且才氣煥發，反應機伶，談吐得體，十分適合正式寵妾的條件。

一六六七年的春天，宮廷出現引人側目的兩大美女對決。其中一人是楚楚可憐的露易絲・波

以華麗的外貌和性感的肉體玩弄國王於股掌之間的蒙特斯邦侯爵夫人。

利耶，她在六年前得到正式寵妾的寶座；另一位則是皇后的侍女——傲慢妖艷的蒙特斯邦侯爵夫人。

這是一場實力懸殊的戰爭，一開始就已決定出勝負。露易絲只是一個摯愛國王、個性單純而謙卑的女人；相較之下，蒙特斯邦侯爵夫人則是野心勃勃、不擇手段要擄獲龍心的厲害腳色。

在一六六七年春天的法蘭德戰役中，國王帶領大軍出征，朝臣全員跟隨，露易絲因為懷孕未被允許同行。蒙特斯邦侯爵夫人利用此大好時機，竭盡所能地征服國王。

軍對於途中落腳奧弗涅（Auvergne），蒙特斯邦侯爵夫人與一名女性友人同住一間寢室。某天晚上，國王喬裝成士兵偷偷潛入她的房裡，夫人的女性友人披上睡袍便不見蹤影，據說國王一直到天亮時才離開蒙特斯斯邦侯爵夫人的臥房。戰爭於一六六八年七月結束，凡爾賽宮舉辦盛大的慶功宴，這時露易絲女主人的地位已由蒙特斯邦侯爵夫人取代了。

打贏這一仗的蒙特斯邦侯爵夫人當時芳齡二十七，逐步掌握宮廷的實權。蒙特斯邦侯爵夫人每天習慣裸身躺在美容台上數小時，讓婢女用精油為她按摩，據說她原本不是貴族，而是不折不扣的娼妓。她以華麗的外貌和性感的肉體玩弄國王於股掌之間，十餘年間一手掌握無人匹敵的權勢。

原本她邀請在巴黎近郊建造凡爾賽宮而聞名的國家首席建築師曼薩爾特（Mansart）建築城堡，但她一個晚上就把建造克拉尼城堡的經費輸光了，還跟國王說：「我的祖先阿基泰公國比陛下的波旁王朝的歷史還要悠久。」

她權勢動搖的一天終究來臨了。一六七七年，宮廷中有人發覺不少貴族捲入大規模的毒藥事件，其中包括路克聖保元帥、布茵公爵夫人等知名人士都向一名叫弗贊的占卜師購買毒藥。

路易十四震驚不已，下令徹查。一六七九年的春天，設置非公開的特別法庭「火刑法庭」，被逮捕人數多達三百數十名，審問中赫然出現蒙特斯邦侯爵夫人的名字。

一名叫基布的破戒僧證實曾經為蒙特斯邦侯爵夫人舉行黑彌撒。當時蒙特斯邦侯爵夫人全身赤裸躺在覆蓋黑布的祭壇上，臉上放鈴鐺，張開雙臂手持黑色蠟燭，基布在她的身上鋪上餐巾，將十字架放在豐滿的雙峰之間，聖杯則放在腹部旁邊。祭司親吻夫人的腹部，讓助手將帶來的嬰兒舉在空中，一邊唸咒語一邊用刀刺進嬰兒的頭部。當嬰兒的血流盡時，祭司的助理切開嬰兒的腹部取出內臟。基布將葡萄酒注入盛有嬰兒血的聖杯，遞給蒙特斯邦侯爵夫人，夫人一飲而盡。從口中溢出來的鮮血和葡萄酒流經她的胸部和腹部，此情此景令人毛骨悚然。

當時有一位年輕女子——馮塔吉公爵夫人——迷住了國王，於是蒙特斯邦侯爵夫人求助於弗贊，弗贊建議用毒藥來收拾國王和馮塔吉。她計畫將請願書塗上毒藥，國王打開信的瞬間就會立刻喪命。接著計畫給馮塔吉喝下毒藥，讓她看起來像是因為國王的死悲傷過度而死。再使用同樣的方法讓王子們一個個離奇死亡，如此一來，蒙特斯邦侯爵夫人就可以讓七個兒子中任一人繼承王位，她則實際掌握大權……。

然而事跡敗露，這個計畫並未成功。弗贊擔心被斬首，將採購毒藥的信燒掉。數日後，暗殺計畫被發現，弗贊和一干人等被捕，蒙特斯邦侯爵夫人當然脫離不了干係。

之後蒙特斯邦侯爵夫人完全失寵，她的寢室從國王的房間移到遙遠的另一端。除掉露易絲繼任寵妾寶座的蒙特斯邦侯爵夫人，現在也嚐到被拋棄的滋味了。

✠ 蓬巴杜侯爵夫人——商人之女一躍為國王寵妾

後來成為蓬巴杜侯爵夫人（Madame de Pompadour）的珍・安東奈特・波松（Jeanne Antoinette Poisson），小時候就有女占卜師預言：「小姑娘，妳以後會變成國王的寵妾哦。」

蓬巴杜侯爵夫人是巴黎商人的女兒，後來嫁給富商。她從小就被誇讚長得漂亮，但僅止於這

用黛安娜的愛之箭瞄向國王的蓬巴杜侯爵夫人。

樣的話也只能平庸地過一生而已。自從占卜師為她算命的那天起，她就念念不忘有一天要成為國王的寵妾。

珍．安東奈特的繼父送給她位於塞納河邊森林裡的一棟別墅作為新婚賀禮，國王路易十五經常到這座森林打獵。珍．安東奈特特地準備了薔薇色和藍色的馬車等待國王的出現。她乘坐薔薇色的馬車時穿著藍色服裝，乘坐藍色的馬車就穿著薔薇色服裝。在國王的隨從間開始傳說她是「森林的妖精」。

珍．安東奈特的大好機會終於來了。巴黎市公所舉辦化妝舞會，不僅宮廷的人，連上流市民也可以戴面具參加。珍．安東奈特選擇狩獵女神黛安娜的面具造型。她用折疊成四方形的布裹住身體，以胸針別在肩部的地方，腰間繫著粗腰帶，手持銀色的弓箭出現在舞會裡。

她用黛安娜的愛之箭瞄向國王，然後惡作劇地微笑著走近，國王請她把面具摘下。國王注意到面具下的這張美麗臉孔就是在森林見到的「妖精」，自此他的身心都成了她的俘虜。

為了使珍．安東奈特成為寵妾，國王特別安排各種教育訓練。然而，宮廷對於普通市民出身的她十分冷漠。舉凡她的動作、走路和講話方式都成了笑話，被惡意批評，這一切都歸因於她下層階級的出身。

珍．安東奈特母親的娘家是個商家，偏偏父親又姓波松（魚的意思），這簡直是雪上加霜。街頭巷尾還流傳以她的姓氏編成的揶揄歌曲，但是聰明的她一一籠絡這些原本對她抱有敵意的人。

珍．安東奈特成為寵妾的那十九年間，據說開銷高達三千六百萬盧布。她花錢如流水，從各地收購城堡、別墅、寶石、繪畫等，並興建私人劇場，自己還業餘演出。

十九年的寵妾生涯中，只有最初的五、六年算是國王名副其實的愛人。因為珍．安東奈特生來體弱多病，無法應付性欲旺盛的國王。她為了滿足國王的欲望，只好設法醫治疾病。她嘗試了各式各樣的春藥和迷幻藥，結果非但效果不彰，反而更加侵蝕健康。

為了脫離這種窘境，她為國王興建後宮。凡爾賽宮一角有一間叫「鹿之苑」的廳室，裡面有專供國王取樂的女孩，她們多半是被親人販賣和被誘拐來的普通人家女兒。

庶民之女即使生產也不被授予爵位，玩膩了的只給若干嫁妝嫁人就解決了。如此一來，跟國王有過肌膚之親的女人多達二、三百人，生下來的私生子有六十人以上。

對珍・安東奈特而言，這是必要之惡，與其被其他的寵妾奪走權勢，還不如犧牲不會有名分的庶民之女，自己則以國王情婦的身分繼續掌權。

珍・安東奈特漸漸也干涉政治，後來爬到與宰相同等的地位。大臣的任命由她決定，打仗時由她指導作戰。尤其此時，法國與向來友好的普魯士分道揚鑣，反而與敵對的奧地利結盟，外交政策大轉彎，這也是由於奧地利女皇瑪莉亞・德蕾莎預見蓬巴杜夫人的政治實力，想出夫人同盟的可能性而導致的。

✠ 蘿拉・蒙帝斯——「是個大美人，值得一見。」

素有「美麗安達魯西亞之女」、「身邊男人不斷」風評的蘿拉・蒙帝斯，出生於一八一八年的愛爾蘭鄉下，父親是英國將軍，母親是西班牙人。

蘿拉從小學習戲劇與芭蕾舞，二十二歲的時候到巴黎蒙馬特的國立貝傑魯劇場演出，立刻造成轟動。轟動的原因並非她舞技高超，而是她美麗絕倫的姿色。

在巴黎有大仲馬、高第等著名藝術家都成了崇拜蘿拉之美的一員。曾有批評家對蘿拉的舞蹈表示不屑，某雜誌的主筆杜傑利為了挽回蘿拉的名譽甚至與這位批評家決鬥而喪命。引發如此大的風波，連大文豪大仲馬都以證人身分出庭作證。

一八四六年十月，蘿拉突然出現在慕尼黑。當時的國王是以愛好藝術而聞名的路特維一世。蘿拉並非貴族，有一天突然駕著馬車擋在王宮前，要求晉見國王，侍衛對她的舉動十分驚訝。

「我要見國王！」

「不行！」

雙方你一言我一語，聽到騷動的副官向國王報告此事：「是個大美人，值得一見。」

「為何不讓這名舞者晉見？」國王一邊埋怨一邊按捺不住好奇心，下令讓這名女子進宮。

等到蘿拉大剌剌地出現在國王眼前，竟是令人目眩神迷的絕世美女。

國王對於蘿拉的美貌與手姿心動不已，竟脫口說：「果然如同維納斯般美麗，但是胸部應該是塞了棉墊才會那麼雄偉吧。」

蘿拉聽到這話緊閉雙唇，只見她右手取出小刀，割裂衣襟，豐滿的乳房瞬間彈跳出來，國王看得目不轉睛。蘿拉導演的這齣戲十分成功，從此，國王的身心都成了她的俘虜。

國王贈給她豪宅與「朗茲菲特伯爵夫人」的封號，從此蘿拉以貴族的身分自由進出皇宮。蘿拉不喜歡住處屋頂上的壁畫，要求重新改建，國王露出猶豫的神情，蘿拉用德語埋怨說：「幹嘛這麼小氣！」

蘿拉在慕尼黑的高級時裝店購物時，總喜歡說：「知道我是誰嗎？路易（路特維的法文名字）會替我付帳。」然後大肆採購，十分盡興。

一開始蘿拉十分受歡迎，年輕人紛紛用她的肖像畫裝飾房間，她的住處前面常有愛慕者演奏五弦琴。蘿拉也有所回應；讓屋內燈火通明，刻意掀開窗簾，讓窗外的年輕人瞧見她試穿衣服。

但另一方面，也有不少慕尼黑的年輕人對蘿拉十分反感，這是因為她干涉國政。激憤的慕尼黑大學學生，手持武器脅迫國王將蘿拉驅逐出境。蘿拉為了防止住處的窗戶被人扔石頭而架上鐵窗，屋前也派哨兵荷槍站崗。為了一名寵妾，國家分裂成兩個陣營，展開街頭混戰。

路特維一世被逼退位，蘿拉喬扮男裝趁著黑夜逃離慕尼黑的宮殿，從此她開始走下坡。蘿拉後來逃到瑞士的日內瓦，在這裡出版了回憶錄，之後在倫敦結婚，渡海到美國後再婚，後因重婚罪被起訴，她始終話題不斷。

蘿拉年輕時過著放蕩的生活，因此年過三十之後急速色衰，逐漸被世人遺忘。她最後半身不遂，在曼哈頓貧民區某棟房屋的閣樓中孤獨地死去，享年四十三歲。死前枕頭旁有薔薇綻放，臉上化著淡妝，就這樣度過燦爛而後孤寂的人生。

✠ 愛梅．杜布克——遭海盜襲擊而落入後宮

說到寵妾，沒有人像愛梅．杜布克的一生那麼戲劇化。一七六三年，愛梅出生在風光明媚的法屬馬提尼克島，父親是農場主人，愛梅和後來成為拿破崙妻子的約瑟芬是表姐妹關係，兩人如姐妹般被撫養長大。

愛梅十三歲的時候，被送到法蘭西北部的南特，在那裡的修道院接受教育，八年後在回到馬

提尼克島的途中，船隻停在比斯開灣時遭海盜船襲擊而被俘擄。

海盜頭子見到清秀的愛梅驚為天人，想把她獻給土耳其皇帝，於是將她護送到位於博斯普魯斯海峽一角的君士坦丁堡（即現在的伊斯坦堡）。

五百年來，君士坦丁堡因為是鄂圖曼帝國的首都而十分繁榮，當時的皇帝阿卜多・哈密一世就住在城裡。後宮關了數百名女奴隸。她們都是被誘拐或賣身的妓女，終生被囚禁在此直到死亡，而她們朝思暮想的就是何時能得到皇帝的青睞。

起初愛梅每天以淚洗面，後來覺悟再怎麼哭泣也無法逃出後宮，便決定接受皇帝的寵愛。當時土耳其王朝中權力最大的是同為宦官之首的黑色大臣與白色大臣，白色大臣的後援是王子慕思達巴的母親希莉亞王妃，黑色大臣則是太子塞利姆的母親喀卡達思王妃。

喀卡達思王妃為了想使日漸式微的土耳其恢復國力，考慮引進西歐文化，因此親近愛梅。因為喀卡達思王妃和黑色大臣的積極游說，愛梅有幸與皇帝共寢。

皇帝對愛梅十分著迷，一年後她生下王子。當時的帝位繼承順序是喀卡達思王妃的兒子塞利姆、希莉亞王妃的兒子慕思達巴，以及愛梅的兒子穆罕默德等三人，想爭奪帝位的希莉亞王妃組成禁衛隊，一心想除掉塞利姆與穆罕默德這兩大後患。

一七八九年，皇帝駕崩，二十七歲的皇太子塞利姆三世即位。由於獲得愛梅的支持，政局持續安定了六年，而後因為有力的支持者塞利姆皇帝的母親喀卡達思皇太后去世，獲得權力的禁衛隊計畫推翻塞利姆皇帝以扶持慕思達巴即位。

法蘭西方面由拿破崙稱帝，愛梅的表姐約瑟芬變成皇后。由於愛梅的勸說，塞利姆皇帝決心向法蘭西求助軍援。拿破崙迅速做出回應，派遣塞巴思提亞尼將軍前往協助。塞巴思提亞尼將軍率騎兵到達後，立刻展開海陸的防備工作。愛梅向將軍詢問思念已久的表姐近況。

後來將軍因為待產的妻子罹患疾病而返回法蘭西，愛梅的不幸從此開始。禁衛隊衝進皇宮，以迅雷不及掩耳的速度逮捕塞利姆皇帝、愛梅和穆罕默德，並將他們監禁。

新皇帝慕思達巴治理國家的時間並不久。皇太后因為想要掌握實權，國內反動份子趁機作亂，土耳其領地布加利亞的市長帕夏，為了推翻慕思達巴讓塞利姆復辟，率領義勇軍攻進土耳其本土，抵達的士兵營救愛梅與穆罕默德，慕思達巴皇帝與希莉亞皇太后反而成了階下囚。

不幸的是，塞利姆皇帝遭暗殺，之後登上帝位的是愛梅的兒子穆罕默德。二十五年前，以後宮的奴隸身分進入皇宮大門的愛梅，如今貴為鄂圖曼帝國的皇太后，掌握了令人難以撼動的權力。

穆罕默德二世建議引進法蘭西文化，被稱為彼得大帝再世。愛梅掌握權勢，以母后的身分掌理宮廷，她身後的大批侍女手捧堆積如山的珠寶隨侍在側。

第二年，土耳其的親法蘭西政策出現變化，由於拿破崙與約瑟芬離婚，為政治因素另娶奧地利女皇之女為妻，此舉激怒了愛梅。

一八一二年，拿破崙率領大軍遠征俄羅斯，一個月後，土耳其與交戰中的俄羅斯停戰。原本應該與法蘭西合力討伐宿敵俄羅斯的戰爭，後來卻變成臨時撤軍袖手旁觀俄羅斯與法蘭西的戰爭。

拿破崙在八月時進入已成廢墟的司墨蘭司庫城，俄羅斯軍隊採取了焦土作戰逼退敵軍。拿破崙進軍莫斯科後，遭到北上的俄羅斯精銳部隊砲火猛攻，法蘭西軍隊一路被追擊。拿破崙在大雪中撤軍至司墨蘭司庫城，拋下遠征軍逃回巴黎。

五年後的一八一七年，愛梅結束了五十三年乖舛的一生，而約瑟芬也在三年前孤寂地死去。愛梅自被誘拐以來，未曾與表姐見面或書信往返。得知拿破崙敗走的消息，愛梅是否感慨萬千呢？

✠ 露易絲・波利耶——專情寡欲的寵妾

露易絲・波利耶與蒙特斯邦侯爵夫人同是路易十四的寵妾，但二人性格截然不同。像她這般無私欲的寵妾十分少見，國王賜予她金錢與權利，她都不為所動。與其說她把路易十四當成國王，倒不如說是當成全心全意奉獻的對象。

露易絲會成為寵妾實屬偶然。她以國王弟媳安莉艾特・丹浦特的侍女身分進宮，當時路易十四對安莉艾特情有獨鍾。然而，由於母后以及從西班牙迎娶來的皇后瑪莉・泰萊絲都對這件事加以斥責，於是兩人故佈疑陣，路易假裝追求別的女性，製造煙幕彈，讓母后如霧裡看花。

被選上的女人正是露易絲。出人意料的是，路易十四竟然為了文靜的露易絲而與安莉艾特分手，因為國王被這純情的十七歲少女深深吸引。由於露易絲的主人是國王弟弟的妃子，露易絲對背叛她感到十分苦惱，直到最後才點頭接受國王積極的求愛。

兩人相處得非常幸福，偶爾因為瑣事爭吵，總是國王寫信道歉，還帶著禮物到露易絲的房間賠罪，和好後兩人的愛情更加深切。

有幾回，露易絲等不到路易的回音，以為國王厭倦她而驚慌不已，於半夜出走，穿過黑暗的通道進入修道院，她披頭散髮地說：「我要當修女。」出來迎接的修女聽了十分訝異。

另一方面，國王聽說露易絲出走的消息後非常吃驚。沒想到昨晚為了芝麻小事的爭吵，因為國事繁忙忘了寫信致歉，就讓她如此想不開。即使如此，也不至於到出家的地步。

國王突然騎上拴在門旁的馬，快馬加鞭飛奔至修道院。隨從看到國王的奔走，十分訝異。不久國王出現在修道院，走近露易絲，淚流滿面地抱起她。

國王毫無顧忌地抱起露易絲乘上前來迎接的馬車，修女們畢恭畢敬地目送國王離去。

「不能再亂跑了。」

「好，好，不會再這樣了。」

兩人在雨中擁吻，露易絲喜極而泣。

露易絲終於懷了國王的孩子，她搬進宮殿附近特地準備的公館，傭人也隨之前往。五月的時候，國王計畫在凡爾賽宮舉辦盛大的典禮，將露易絲以正式寵妾的身分介紹給眾人，這是宮廷中僅次於皇后的地位。

然而幸福如過眼雲煙，新的危機已然來臨——情敵出現了。兩年前以王妃侍女的身分進宮服侍的蒙特斯邦侯爵夫人，與露易絲楚楚動人的個性比較，前者是一朵妖豔的玫瑰，有著美麗的容顏、優雅的體態、傲慢的才氣，以及積極的性格。

一六六七年初，法蘭德戰爭爆發，國王思考該帶露易絲還是蒙特斯邦侯爵夫人至戰場，宮廷大臣的意見也紛歧。結果蒙特斯邦侯爵夫人獲准同行，露易絲則未獲准，理由是正懷了第四個孩子。

數日之後，國王與蒙特斯邦侯爵夫人的關係從此開始。第二年在凡爾賽宮舉辦盛大的慶功宴上，蒙特斯邦侯爵夫人取代了露易絲女主人的角色。路易國王已被侯爵夫人驕慢性格與肉體所俘虜。

露易絲心如刀割，每天夜裡看著國王過門不入，直赴蒙特斯邦侯爵夫人房裡，不覺流下絕望而屈辱的眼淚。她曾經數度忍無可忍地逃至修道院，但是每次都被愛面子的國王帶回。

在忍耐國王七年的冷酷與蒙特斯邦侯爵夫人的厭惡之後，露易絲決心將後半生獻給宗教。一六七四年，露易絲不顧國王的反對，進入以戒律嚴格著稱的喀爾文教派修道院。才不過二十九歲的年紀，就此告別繁華世界。

此後三十六年間，露易絲獨守陰暗的房間，從早祈禱到晚，過著清靜的修女生活，最後悄然嚥下最後一口氣，走完她戲劇化的一生。

✠ 巴利伯爵夫人——妓女出身在宮中地位無人能比

蓬巴杜夫人去世後，成為路易十五的寵妾的是巴利伯爵夫人（the Countess du Barry），亦即珍．貝古（Jeanne Becu）。一七四三年，珍．貝古出生於巴黎郊外，是鎮上一名行為輕佻的廚師的私生女。至於父親是誰？來自何處？無人知曉。

珍．貝古二十歲在洋裝店當店員的時候，遇到從此改變她一生的男人，亦即黑道份子巴利伯爵。珍．貝古的美貌吸引了巴利伯爵，他在自宅舉行舞會，邀請好色之徒參加，然後把珍．貝古仲介給別人。白天的時候，珍．貝古依照情人巴利伯爵的指示賣娼，晚上則與他同床共枕。

由於李希留公爵的撮合，珍．貝古邂逅了路易十五。當時，路易十五的正式寵妾之選在宮中捲入陰謀論。

當時握有最高權力的是受蓬巴杜夫人眷顧的宰相休瓦斯泰公爵，李希留公爵則一心想將他逼下台好讓自己繼任宰相。休瓦斯泰認為寵妾應冊封貴族女性，李希留派則推舉珍．貝古。

路易十五很快就為珍．貝古著迷，他向李希留表明心意：「珍．貝古讓我忘卻自己已是六十歲的老人，她懂得新的性愛技巧，是全法國唯一真正的女人。」由於國王毫無嫖妓的經驗，殊不知珍．貝古只是略施特殊的性服務而已。

路易十五決定封珍．貝古為正式寵妾，將她迎接到宮廷，一七六九年四月二十三日，想一睹

因懂得新的性愛技巧，而被路易十五稱為
「全法國唯一真正的女人」的巴利伯爵夫人。

寵妾宣布儀式的群眾擠滿了凡爾賽宮。

珍．貝古戴著由四千四百八十顆鑽石鑲嵌的寶冠，身穿錦繡織成的禮服，全身耀眼奪目。從此，妓女出身的珍．貝古進住法蘭西宮廷，獲得至高無上的地位。

不久之後，巴利伯爵夫人也有了新情敵，亦即來自奧地利的王妃瑪麗．安東奈特。系出哈布斯堡家族的美貌妃子與妓女出身的巴利伯爵夫人棋逢敵手，不相上下。

瑪麗．安東奈特的母親是奧地利的瑪莉．德蕾莎女皇，她從小便接受嚴格的道德教育，對於國王擁有寵妾一事十分反感。當時在正式場合裡，禁止主動與比自己身分高的貴婦說話。因此，安東奈特當然認為可以無視於巴利伯爵夫人的存在。

典禮中，巴利夫人一直開口跟安東奈特說話，對方卻不理不睬，充耳不聞，她因此將怒氣轉而發洩在路易十五身上。

困惑不已的路易十五，便召見王妃身旁的女官和奧地利大使，請求他們說服安東奈特，但事情未見轉圜，於是派遣特使求助安東奈特的母親德蕾莎女皇，驚動女皇專程寫信說服女兒。

在接下來的舞會中，安東奈特終於開口對巴利夫人說：「今天凡爾賽宮真是人山人海。」巴利夫人算是打了漂亮的一仗。

巴利夫人的權勢如日中天，但後來也開始走下坡。三年後，路易十五因高燒臥病在床，醫師診斷為天花。當時天花形同絕症。路易十五將巴利夫人喚到床邊，告訴她自己來日無多，淚流滿面地命令她即刻離開宮廷。

第二天哀泣不已的巴利夫人離開凡爾賽宮，六天後路易十五駕崩，皇太子路易十六即位。

後來，巴利夫人在領地盧維西安城堡（Chateau of Louveciennes）平靜度日，直到一七八九年法國大革命爆發，她因與王室有關而被逮捕。連國王路易十六與皇后安東奈特均被革命份子斬首。巴利夫人被以「將可恥的快樂建築在人民的財富與鮮血上的高級妓女」的宣判處斬。

一七九三年十二月八日，巴利夫人被馬車送上斷頭台，因過度恐懼而失去意識。劊子手扶著她的雙手步上階梯，把頭放進斷頭台，她突然恢復意識，驚恐地大叫：「拜託，讓我再多活一會兒！」全身用力反抗，大叫不已。

巴利夫人享年五十歲，她的死同時結束了法國歷史上的某個時代；在她之後，法國正式寵妾也告終。

✠ 黛安娜・波荻葉——贏得小她二十歲的國王寵愛二十年

黛安娜・波荻葉（Diane de Poitiers）是十六世紀法國的一名寵妾，比她小二十歲的國王亨利二世為她傾心長達二十年之久。

亨利二世在八歲的時候對黛安娜產生愛慕之意。當時亨利的父親卡爾五世成為俘虜，亨利只好以人質的身分被送走，前來送行的黛安娜十分同情他，於是抱住他親吻。此時的黛安娜二十七歲，是個有夫之婦。

由於即將被送往未知的地方，黛安娜的親吻令八歲的他十分感動而銘記在心。

黛安娜是貴族出身，十五歲時與五十六歲的諾曼地地方官路易・德・布雷切（Louis de Breze）結婚。後來黛安娜在亨利的父親法蘭索瓦一世的宮廷內擔任艾蕾歐諾拉王妃的侍女。

黛安娜三十二歲時，丈夫突然去世，不久她便成為甫自西班牙歸國的十二歲亨利王子的教育專員，兩年後，亨利與麥迪奇家族的女兒凱薩琳・麥迪奇結婚。

一五三六年，皇太子法蘭索瓦去世，此時亨利與黛安娜的關係才正式展開，當時十七歲的亨利成為皇太子。黛安娜早就察覺到亨利對自己的愛慕之意，此時她已年近四十歲。

一五四七年，法蘭索瓦一世去世，亨利即位為亨利二世。黛安娜・波荻葉的時代自此開始，無論大臣的任命或是撤職，全由她決定。黛安娜與羅馬教皇交情甚篤，各國大使有事相託時，往往先拜訪黛安娜。當時的黛安娜完全掌控國王與宮廷。

在國王即位大典時，亨利身穿繡有黛安娜縮寫字母的禮服，在眾目睽睽之下毫不避諱地表達愛慕之意。甚至為了紀念登基，他贈送黛安娜無與倫比的厚禮，除了價值不菲的珠寶，還有羅亞爾河畔美麗的香濃梭堡、阿內城堡、碧姆爾城堡等。

當時「公爵夫人」的稱謂只能贈予皇親貴族，黛安娜卻獲得「瓦蘭蒂諾公爵夫人」的封號，相形之下，皇后凱薩琳只得到二十萬盧布的王室費用。

黛安娜的眉如彎月、鼻子直挺、目光懾人、皮膚白皙，身材高䠷而體態優美，具備所有美的條件，成為當時公認的美女。不可思議的是，她雖年長國王二十歲以上，美貌卻歷久不衰。坊間流傳她使用特殊的美容法，其實她的保養之道十分簡單，不過是早睡早起、洗冷水澡、經常打獵和騎馬。

由於寵妾黛安娜有呼風喚雨的本事，凱薩琳皇后只能忍氣吞聲，表面上沒有任何反感，刻意與黛安娜保持良好關係，對國王也百依百順。其實黛安娜並未獨佔亨利國王，她每天晚上與國王過夜，但天將亮時一定要求國王回到凱薩琳身邊，頗為善解人意。

一五五九年，亨利二世因騎馬比賽受傷猝死，當時亨利不過四十歲。對寵妾黛安娜而言，這意謂著她的時代已然結束。

凱薩琳立即命令黛安娜離開宮廷，要求她歸還亨利國王生前贈送的珠寶、財產與香濃梭堡。委屈求全的凱薩琳終於以冷靜政治家之姿登上華麗的人生舞台。

亨利國王死後七年，黛安娜終於在阿內城堡嚥下最後一口氣，享年六十六歲。她過世前六個月，曾有作家布蘭登拜訪，他描繪說：「即使鐵石心腸的人也會為她的美而動心。」

✠ 楊貴妃——浴室鑲嵌綠寶石

唐朝第六位皇帝唐玄宗的寵妾楊貴妃是四川省某地方官吏的女兒。當時，玄宗每逢秋天都到長安城東郊驪山的華清宮避寒，並且有宮女列隊跟隨；開元二十八年十月，唐玄宗在眾多的宮女之中看到絕世美女——楊貴妃。

一見鍾情的皇帝賜予她貴妃的地位，在女官之中相當於宰相的最高位階。此時皇帝六十歲，貴妃二十六歲。大聲演奏皇帝作曲的〈霓裳羽衣曲〉迎接貴妃入宮，玄宗親手為貴妃插上髮簪與首飾，甚至特別為她製作〈寶物到手〉、〈得寶子〉等曲目。

玄宗為了欣賞貴妃入浴，在浴槽的底部鋪上綠寶石，周圍用大理石圈住，再用金銀珠寶裝飾，布置成豪華的浴室。楊貴妃體形豐滿，肌膚光滑柔嫩，玄宗完全被她征服。

貴妃的姐妹們在後宮也受到與皇室子女相同的待遇，叔父或表兄弟也紛紛受封官位，特別是堂兄楊國忠官拜宰相。楊氏一家仕途亨通，人人稱羨，民間流行歌謠：「不重生男，重生女。」

此時宮廷中出現一名突厥混血兒安祿山。安祿山於開元二十九年擔任銀州都督，第二年擔任平盧節度使，天寶三年時兼任范陽節度使，天寶四年成為御史大夫，而後兼任河東節度使，官運一帆風順。安祿山為一大肚巨漢，進宮晉見皇上時常會表演有趣的胡人舞蹈，且談笑風生，十分吸引唐玄宗和楊貴妃等人。

例如他對楊貴妃灌迷湯：「美麗的皇母殿下，容我像母親般崇拜妳。」玄宗聽了便問他：「貴妃若是你娘，那朕呢？」安祿山立刻回答：「不用說也知道，我當然就是陛下的孩子。」安祿山成為貴妃的養子得以自由進出後宮，據說後來安祿山也滿足了貴妃其他的需求，然而玄宗毫無戒心，對他們十分信賴。

天寶十四年，安祿山突然兵變，率領大軍進攻長安城。他的軍隊攻陷保護長安城的要塞潼關，玄宗放棄長安城，楊貴妃等女官跟在軍隊後面，勉強保住一命逃往故鄉四川。

但途中經過馬嵬坡時，士兵們拒絕前進。由於倉皇逃出，糧食不足，眾人心生不滿，憤怒變成暴動，先是要求血祭貴妃的兄長楊國忠、殺害楊貴妃的姐姐，後來士兵甚至大叫：「楊貴妃才是蠱惑天子的兇手，把她交出來。」

玄宗一心袒護貴妃，然而宦官高力士勸說：「如此下去陛下性命難保，一定要當機立斷。」於是玄宗含淚來到貴妃跟前，貴妃也有所覺悟，她主動說：「請陛下將我交出。但我有一個請求盼望陛下成全，最後離別時刻，請為我插髮簪金步搖。」

「金步搖」是貴妃成為寵妾時皇帝為她所插的髮飾。玄宗淚流滿面，雙手微顫地為她插上髮簪。宦官高力士將顫抖的貴妃抱起，帶入路旁的佛堂，用絹布勒死貴妃。

西元七五六年六月十四日，玄宗恩寵十八年的貴妃香消玉殞，得年三十七歲。遺體被紫色被縟包起運至庭院，士兵們確定是貴妃的屍體後，歡聲雷動地離開，不再包圍行宮。
貴妃的遺體被草率地埋在附近路旁，一個月後，玄宗皇帝被太子奪去帝位，寂然引退。

中世紀的歐洲，貴族會請附近的地主安排婚期近的少女，假借測試身體的狀況以奪取其童貞。測試之後，貴族們會宣布該名少女是「如假包換的處女」，推薦她有結婚資格，否則會宣布該少女身體有缺陷，並且勸人打消娶親的念頭。

初夜權

人類真是奇妙的動物。我們以為世風重視處女之身，但也有些地方的習俗鄙視這樣的觀念，認為娶老婆不能找處女；甚至認為經血不乾淨，連落紅時的血也覺得不潔。

以前的歐洲認為處女很危險，因此「破瓜」成為結婚的重要儀式之一。也就是說，侵犯處女是極其危險的行為，為了避免新郎遭到不測，由僧侶或是新娘的父親預先將女方的處女膜弄破。

這種習俗在中世紀的封建歐洲演變為「初夜權」，也就是農夫的女兒在出嫁前先舉行由地主奪取其處女童貞的儀式。如果要免除行使初夜權的話，例如在瑞士的楚利要付罰金四馬克三十培尼，在德國的派埃倫，新娘要送給地主「跟臀部一樣大」的鍋子，或是「跟臀部一樣重」的乳酪。

初夜權的儀式在法國一直持續到十六世紀，俄國則到十九世紀。但是新娘被地主侵犯，家人也不會排斥或反對。因為家族可以免除稅賦，甚至還有賞金可拿。根據古代的記錄，處女犯罪不能直接處死，須由劊子手侵犯之後再執行死刑。

第十章

高級娼妓

✠貝爾・奧泰羅——雇用二十名應召女郎暗中營業

妓女是世界上最古老的行業，但名稱雖同，有的卻是在街頭拉客，有的則獲貴族寵愛，甚至生活的奢華程度不亞於貴族，這兩者有如天壤之別。在此介紹幾位箇中翹楚。

法國靠地中海的蔚藍海岸，有尼斯、坎城、聖・托洛比等高級度假勝地。蔚藍海岸從十九世紀中葉開始，就是王公貴族、富商巨賈的避寒聖地而享盛名。

坎城的克羅瓦塞特大道尤其高級，飯店、時裝店、賭場林立，是王公貴族流連忘返的場所。其中有一棟白色飯店，它的圓形屋頂常被稱為「美女奧泰羅的乳房」。

一八六九年，高級名妓貝爾・奧泰羅（即美女奧泰羅）出生於西班牙南部的小村落，本名奧古斯蒂娜・卡羅麗娜・奧泰羅。

奧泰羅的母親是吉普賽舞者，父親是希臘船員。父親無法忍受母親混亂的男女關係，有一天與母親婚外情的對象決鬥，結果賠上自己的性命。母親與倖存者（一名酒販）再婚，不久奧泰羅進入寄宿學校就讀。

她十二歲時便已美貌非凡，身材姣好，甚至曾在寄宿學校的桌上大跳脫衣舞，在青少年間頗具人氣。她跟一名少年逃學，兩人在里斯本同居，後來被男友拋棄。

一文不名的奧泰羅，在很偶然的機會認識里斯本阿貝尼達劇場的導演，歌舞才華獲得肯定，導演勸她上台演出，於是她到巴塞隆納的娛樂場所帕雷・德・克利斯達表演歌唱。

身穿紅衣的奧泰羅，撩人的舞姿大受歡迎。一八九〇年春天，她到巴黎，在希克・迪泰戲院首度登台。奧泰羅體內流竄著吉普賽人的血液，火紅的舞裙包裹著曲線玲瓏的身體，人氣立刻扶搖直上。

奧泰羅在歐洲各地巡迴演出，富豪和貴族們紛紛上門求愛。柏林的大富豪歐修特雷達男爵尤其迷戀她，為她安排豪宅、馬車、傭人和廚師，照顧她的生活起居。

奧泰羅由男人包養，過著窮極奢侈的生活，絲毫不覺得羞恥。奧泰羅的個性像火一般熱情激烈，男友稍微瞄一下別的女人，她便暴跳如雷。甚至有人為了她自殺，也有人為她決鬥，報紙封她為「世界第一的八卦女王」，對此大書特書一番。

據說歐洲有近半數的王公貴族都拜倒在她的石榴裙下。其中包括俄羅斯大公爵、俄羅斯沙皇、德意志皇帝威廉二世、英國皇太子愛德華、西班牙國王阿方索十三世、比利時國王里歐波特二世……。

俄羅斯沙皇尼古拉一世的太子彼得大公稱呼她為「愛人」，送給她許多寶石，苦苦哀求說：「我心甘情願為妳犧牲，請千萬不要離我而去。」

有一回，奧泰羅乘坐美國大富豪邦達彼特所贈送的遊艇到蒙地卡羅，在賭場輸得狼狽不堪，一星期就輸掉五十萬英鎊。

散盡千金的奧泰羅沒辦法，只好拿乘坐的遊艇抵押，後來得知此消息的邦達彼特若無其事地說：「沒事，馬上把遊艇買回來。」

奧泰羅住在男人贈送的豪宅，約有二十名傭人伺候，過著極為奢華的生活。奧泰羅非常喜愛珠寶，尤其喜歡蒐集名人曾擁有過的珠寶。在她眼中，那些珠寶象徵自己的魅力，證明自己多麼被男人熱烈追求。

奧泰羅所蒐集的珠寶中，有一條拿破崙三世的愛妻尤吉妮珍愛的項鍊，上面鑲有三十六顆美麗的珍珠。奧泰羅在維也納的舞台演出時，與尤吉妮熟稔的梅泰妮公爵夫人為了目睹那條項鍊，特地到飯店拜訪奧泰羅。

守衛送來項鍊後，梅泰妮公爵夫人仔細端詳，因為看到令人懷念的東西而欣喜不已，據說後來特地寄信道謝。

一九六五年四月，九十六歲的奧泰羅在尼斯的一家飯店因心臟病發作去世。八個月後，她的遺物在尼斯拍賣。

當天，四百名人士聚集會場，期盼目睹達官顯貴們送給她什麼美麗的珠寶。

然而，當盛在漆盤上的珠寶送到眼前時，大家都發出了驚叫聲，原來她平時戴的都是便宜貨。尤吉妮皇后的項鍊、奧地利女皇的項鍊，還有用數百顆特別訂製的卡迪亞鑽石縫製的上衣，平時都鎖在金庫裡，偶爾要取出的時候，都是由戒備森嚴的馬車運送，並且還有兩名警察隨行護衛。

如今那些珠寶下落不明。據估這些高達五十億法郎的財產，其實老早已被她在賭場敗光了。

一八九一年，奧泰羅第一次到蒙地卡羅的賭場，她玩輪盤，連續吃紅二十一回，一個晚上就進帳相當今天的十萬法郎。

奧泰羅四十一歲時在尼斯買下豪華的別墅隱居，但仍然經常出入賭場，結果連別墅、珠寶、繪畫都一一變賣，最後僅靠著尼斯市微薄的老人年金勉強度日。

奧泰羅出身寒微，憑藉美貌與才華，以男人為墊腳石度過精采的人生。從坎城的海岸一眼望去，在飯店第八層樓的餐廳裡，現在仍被謳歌的花卉，正是以美女「奧泰羅」命名。

✠ 瑪莉．杜普雷——愛慕虛榮的煙花女子

歌劇《茶花女》在日本享有盛名。你知道男女主角真有其人嗎？《茶花女》的作者小仲馬愛上妓女，卻無法真正擁有她，為情所苦的小仲馬便將他的愛寄託在小說中。

一八四七年，也就是瑪莉．杜普雷死後一年，小仲馬發表小說《巴黎茶花女軼事》（*La Dame aux Camelias*），五年之後作曲家威爾第將它改編成歌劇搬上舞台。由於歌劇大受歡迎，妓女的故事聲名大噪，作家小仲馬也水漲船高，成為當時藝文界的寵兒。

一八二四年，瑪莉出生於諾曼地，是五金行商人的孩子。她八歲的時候，母親去世，由親戚中的某個老翁撫養，十二歲的時候被老翁奪走貞操。之後她在不同的工廠當女工，後來到桑德諾

雷的洋裝店工作，這裡其實是掛羊頭賣狗肉，裡面都是賣身的妓女，瑪莉也是其中之一。

瑪莉是最低等的妓女，但她十六歲的時候情況有了變化。她邂逅了拿破崙三世的外交部長葛拉蒙。葛拉蒙與瑪莉一夜春宵後，對瑪莉十分傾心，在黎波里街附近為瑪莉租了一棟房屋，並且還聘請鋼琴師和舞蹈老師。原本外表就端莊純情的瑪莉，經過栽培後更具魅力。

出身寒微而後鹹魚翻身的瑪莉，最清楚如何擄獲有身分地位的富豪。瑪莉此時開始出現習慣性咳嗽，友人建議她用溫泉療養，於是在有名的溫泉勝地邂逅了德意志貴族斯達克貝克伯爵。

瑪莉跟老伯爵的女兒小時候長得一模一樣，於是老伯爵悉心教育她，教她時髦、有品味的穿著方式和上流高雅的談吐。老伯爵甚至建議，只要她從良，便讓她一輩子不愁吃穿，但是瑪莉拒絕了。

按理說，當時妓女最大的願望就是離開這一行。但是肺部染疾的瑪莉已有預感自己來日無多，心想反正生命短暫，何不快樂度日。畢竟她才二十歲，仍是個喜好遊樂的年輕女郎。

老伯爵讓瑪莉住進馬德雷大道的豪宅，送來路易王朝風格的高級家具，室內擺滿了瑪莉最喜愛的山茶花。從那時候開始，瑪莉就在身上配戴一朵山茶花。白色山茶花意味著自由享受愛情，紅色山茶花則表示月經來了。

就在此時，她遇到了小仲馬。他與瑪莉同齡，常在街上遇到她。以前他對瑪莉的印象並不好，還略帶恨意，因為瑪莉全身穿戴高級皮草、服飾、鑽石等，是難以追求的對象。

在波利特劇院的中場休息時間，小仲馬被正式介紹給瑪莉。外表清純的女孩竟然是煙花女，小仲馬幾乎不敢相信。一個是不幸的私生子，一個是妓女，兩人都背負著命運的枷鎖，這讓彼此的關係迅速拉近。

當時肺病是不治之症，可是瑪莉無論多麼痛苦也不願意休養。因為她擔心，一旦休息的話，男人和財富都會離她遠去。她需要斯達克貝克伯爵的保護，也需要小仲馬這樣的情人。瑪莉很貪心，她要錢、要快樂，也要身為女人平凡的幸福。

小仲馬無法忍受瑪莉及時行樂的生活態度，即使再深情，轉眼間她又從指間溜走，躺在別的男人懷中。痛苦的他最後寫了一封訣別信給瑪莉。

「可愛的瑪莉，我愛妳，但我不是有錢人。因為被妳所愛，我的心因而不貧乏。如今我要離妳而去，妳應該知道我的悲哀，知道我對妳的愛有多深。」

就在此時，斯達克貝克伯爵破產，無法照顧瑪莉的生活。從此，瑪莉只好藉由出賣肉體和借貸度日，勉強維持生計。

一八四八年，瑪莉抱病觀賞歌劇演出。為了掩飾氣色不佳，她想穿著色彩鮮亮的服裝，但是所有財物都已被債權人扣押。瑪莉別無他法，只好穿著波紋綢的禮服，配戴珍珠首飾和耳環，胸上則別著一朵山茶花。馬車抵達的時候，蒼白瘦弱的瑪莉在人們好奇的目光下，靜靜地走到固定的座位。

這次是瑪莉最後一次外出。當天深夜，瑪莉開始劇咳，而且咳出血來。第二天早上，瑪莉以二十三歲的芳齡去世。她穿著帶有蕾絲邊的衣服，葬在山茶花盛開的蒙馬特墓地。第二天，瑪莉的家具、財產公開標售，換算成日幣僅約三千萬元。

拍賣會場上聚集了瑪莉的昔日戀人。他們個個懷抱著不同的回憶，買回自己當年送給瑪莉的禮物。妓女瑪莉．杜普蕾已經不在人世，她幻化為歌劇中的「瑪格麗特」或是小說中的「薇奧蕾」，那動人的戀曲仍然令觀者落淚。

✠克莉絲汀．基勒——捲入英國政界醜聞的高級妓女

一九六〇年代，高級妓女克莉絲汀．基勒（Christine Keeler）將英國政界捲入前所未有的醜聞案件。克莉絲汀是一名私生女，在倫敦郊外的貧民窟長大，中學畢業後立刻到倫敦工作，曾經在夜總會當過歌舞女郎等。

就在此時她遇到上流社會的整形醫師瓦特。瓦特將近五十歲，個性溫和，看來是個優雅的紳士，但實際上專門在倫敦的夜總會等地誘拐女人，以培養高級妓女為副業。

瓦特把克莉絲汀帶到自己的高級寓所，像父親一樣給予協助，教她高尚的穿衣與談吐方式。他有時在高級公寓中邀請政治家與貴族等參加性愛派對。

在這樣的派對中，上流社會的男男女女以不堪入目的姿勢互相擁抱，有的中年男子鞭打年輕女郎，一聽到呻吟聲便有快感；有的中年女子被年輕男子摟抱嬉戲，身體糾纏在一起。

克莉絲汀聽從瓦特的命令，以高級妓女的身分在性愛派對中與認識的紳士保持特定關係。這

是克莉絲汀出生以來第一次見識到奢華糜爛的上流社會。她只要以身相許，對方就會購買皮草、珠寶、高級轎車等作為回饋，也一同出國旅遊。這個花花世界令克莉絲汀目不暇給。她擁有朝氣蓬勃的青春和柔軟優美的肉體，即使一文不名也可以成為世界的女王。

有一回克莉絲汀被瓦特帶往英國貴族佛斯特的公館。她在庭園的游泳池中裸泳，一位四十多歲的陸軍軍官普洛休莫對她十分著迷。

普洛休莫就像是畫中所描繪的社會精英，出生於英國貴族，牛津大學畢業，在政界的發展一帆風順，是麥克米蘭內閣的陸軍部長，而前妻是絕代風華的女明星。

不巧的是，與他一同被邀請的還有一名叫尤金・伊瓦諾夫的上尉，他的頭銜是蘇俄駐倫敦大使館海軍武官，實際上是GRU（蘇聯國防軍情報管理本部）的重要間諜。

政治精英與妓女參加性愛派對已是醜聞，更何況情婦克莉絲汀還同時與蘇俄的武官交往。當時政值冷戰時期，原本敵對的兩方卻擁有共同的女人，可謂事態嚴重。

瓦特博士早就被懷疑藉由經營賣春進行間諜活動，因而被M15（英國情報局保安部）盯上。但是M15主要是提供對國家有利的情報，對於瓦特的副業睜一隻眼閉一隻眼。M15的部長霍利斯得知瓦特與伊瓦諾夫上尉是朋友時，命令他贈送奢侈禮物給伊瓦諾夫，包括酒和女人，於是克莉絲汀被介紹給伊瓦諾夫。

另一方面，M15的計畫被伊瓦諾夫看穿了。伊瓦諾夫將計就計，向莫斯科報告事情的發展。瓦特複製拍攝到的猥褻照片送往莫斯科，作為日後勒索的籌碼。

伊瓦諾夫得知克莉絲汀與普洛休莫的關係後，威脅瓦特：「要克莉絲汀向普洛休莫打探美國是否在西德境內配備核武。」並用猥褻的照片作為要脅。

不論如何，普洛休莫的政治生命因為與克莉絲汀的關係遭到致命的一擊。當時的在野黨工黨經常以一連串的間諜醜聞案攻擊執政的保守黨。有一天，工黨的人接到神秘電話：「監視普洛休莫。」這電話是誰打的不得而知，但一般推測是蘇聯間諜。

保守黨開始調查普洛休莫，發現克莉絲汀是他與伊瓦諾夫雙方共同的情婦。一九六三年三月二十一日，保守黨在下院展開質詢，徹底追查政府的保密問題，普洛休莫迫不得已全盤否認與克莉絲汀的關係。

有如遭到青天霹靂的麥克米蘭內閣處境窘迫。克莉絲汀是誰？整形醫師瓦特又是誰？撼動大英帝國的醜聞事件就此爆發，媒體將這推理小說般的故事廣為流傳。瓦特醫師是間諜本部的首腦，派遣女人為他蒐集情報。克莉絲汀便是其中之一，她把從普洛休莫那裡獲得的軍事機密透露給蘇俄的間諜伊瓦諾夫上尉……。

普洛休莫否認認識克莉絲汀，而被金錢誘惑的克莉絲汀卻把她與瓦特、普洛休莫、伊瓦諾夫等人的關係，一五一十告訴媒體，甚至連普洛休莫寫給她的情書也拿出來作為證據。根據她的說法，只是她的恩客之中正好有英國陸軍部長與蘇俄武官等人。

由於在野黨砲火猛烈，普洛休莫不得不辭去陸軍部長，保守黨選舉落敗，工黨順利執政。最後瓦特醫師自殺，克莉絲汀的生活也完全改觀，以不同的姓名頻頻更換住所，躲避媒體的追蹤。

原本以為可藉年輕的美貌和豐滿的肉體實現心願，飛上枝頭，而今運過時衰，曾經享有的一切都像潮水般散去。年輕與美貌盡失，還成為人們茶餘飯後的八卦題材，如此的落差讓克莉絲汀悵然不知所措。

克莉絲汀後來二度結婚，但是很快又離婚，每天沉浸酒海，成為疲於生活的中年女子。一九八九年，電影《醜聞女神》（*Scandal*）以此事件為題材，在英國大為賣座。上映首日，克莉絲汀與十七歲的兒子出現在會場。「那時候的我只貪圖每天過著快樂的日子，年輕貌美但卻愚笨。」後來她在自傳中如此描述。

或許，她的餘生便是在痛苦的回憶中細細咀嚼過去荒誕無度的歲月。

✠ 英佩利亞——教養出眾，社交能力一流

英佩利亞是義大利文藝復興時期代表性的妓女，她生於一四八一年，度過煙火般短暫的三十一歲人生，她在羅馬以數一數二的高級妓女聲名大噪。

英佩利亞的本名是綠克蕾雅，人文學者畢塔雷說：「有兩位神祇贈予羅馬偉大的禮物。一個是戰神贈予的帝國，另一個則是愛神維納斯贈予的英佩利亞。」不知從什麼時候起，人們便用這光輝的名字稱呼綠克蕾雅。

英佩利亞是教廷高官的私生女，母親生下她後，獲得鉅額聘金，嫁給教廷裡高階的聖職人

員。英佩利亞的母親知道要成為一流的妓女不能光靠美貌、優雅的體態和做愛技巧，社交能力和高尚的教養也十分重要，所以用心教育女兒。從現代人的觀點來看，會納悶為何接受如此完整的教育之後還要淪為妓女而不選擇其他的職業？

成年之後，英佩利亞成為羅馬名妓，連大銀行家基賈也拜倒在她的石榴裙下。基賈是當時羅馬財政界響叮噹的人物，以贊助畫家拉斐爾而聞名，他曾貸款給教宗、教皇朱利歐二世和雷歐十世（Pope Leone X）等人鉅額的貸款，抵押品則是各種商業上的特權。

在此重量級人士的庇護下，英佩利亞在羅馬的社交界大放光芒，到她公館拜訪的人，看到屋裡的豪華擺設與眾多僕役，會錯以為自己身處王妃的宮殿。客房的牆壁上掛著羅紗帷幕，酒櫃裡有從世界各地收集而來的珍貴茶壺，豪華的家具上雕工精細，房屋中央則是巨大的大理石圓桌。

來訪的客人之中，以畫家拉斐爾為首，還有詩人坎培拉、人文學者培羅雅特、西班牙大使等人，都是當時赫赫有名的人物，據說畫家拉斐爾也曾是英佩利亞的情人。

雖然英佩利亞擁有如此權勢，她卻在三十一歲的時候喝下毒藥安靜離世。自殺的原因如謎團般不可解，有一說是她愛上詩人布法羅卻遭到冷酷的拒絕，還有一說是庇護人基賈迷上別的女人而拋棄她，眾說紛紜。

根據英佩利亞的遺言，她將鉅額財產的一部分留給母親，大部分都捐給在修道院的女兒。至於女兒的父親是誰，至今仍然不得而知。

這些女人之中不乏有才貌雙全的女子，不但會引用但丁（十四世紀義大利詩人）、奧維德（古羅馬奧古斯都時代的詩人）等人的作品，還會寫十四行詩，十分受青睞。

為了保護這群沒有謀生能力的女人，出席聚會的多金貴族和企業家主動關照，這些才女便從「宮廷的女性」逐漸變成了「娼妓」。

羅馬娼妓

文藝復興時期的妓女有許多是頗具教養的女性，甚至有不少人能夠與造訪的貴族暢談文學和藝術。義大利文的妓女意思是「宮廷的女性」。

據說當時的羅馬，九萬名的居住人口中就有一萬個妓女。至於義大利人口的男女比例，只有羅馬是六比四，其他地區則是女多於男，這是因為羅馬是教皇治理的關係。

教宗、樞機主教、高階的神職人員，以及他們的下屬，表面上大家都是單身；加上長時間派駐在羅馬的各國大使、商人、保衛教宗的傭兵，男性約佔了人口的六成，這個數字應該很合理。

歷代的教宗都非常支持藝文活動，邀請人文學者和藝術家等來到梵諦岡。眾人聚集在教廷就文學、藝術等做交流，後來覺得參加者都是男人很無趣，為使聚會更增色，於是讓美女也加入文藝討論的行列。

但是，貴族和上流社會的女子無法擅自外出，結果只有羅馬街頭上的「自由女子」參加討論。

第十一章

緋聞纏身的惡女

✠ 瑪莉・費翠拉——與太子的不了情

不論古今，女人都喜歡聽名人八卦。在電視機前盯著節目看的家庭主婦，不就是因為自己的生活太過平凡轉而從螢幕上的戲劇獲得滿足的嗎。看到踰越常軌的劇情，大家表面上蹙眉不屑，但對同為女性的主角如此開放大膽的行徑，難道內心不會燃起嫉妒的火燄嗎？

說到八卦醜聞，就不能不提十九世紀末把整個歐洲鬧得滿城風雨的「麥亞林殉情事件」。哈布斯堡王朝的太子和貴族的女兒殉情的事件，帶給全歐洲不小的衝擊。

女主角瑪莉・費翠拉長得閉月羞花，年方十八，作風卻十分大膽。她在散步時看到魯道夫王子，心生愛慕情愫，於是跟表姐拉莉修串通，刻意安排與他見面的機會。魯道夫對瑪莉這樣的美少女一見鍾情，暗中與她幽會。

後來瑪莉懷了魯道夫的孩子，魯道夫不知如何是好，私下寫信給羅馬教皇准許他與王妃史蒂芬妮離婚。羅馬教皇回覆不准，偏偏此信沒有直接交給當事人，而是由駐維也納的梵諦岡大使轉交給魯道夫的父親法蘭奇・約瑟夫皇帝，於是兩人交往的消息走漏。

魯道夫向來就與父親不睦，父親下令他立即與瑪莉分手，他被逼得走投無路，於是決定與瑪莉殉情。瑪莉一心以為，只要跟魯道夫在一起即使是死也心甘情願。

一八八九年一月二十九日，兩人乘坐馬車前往維也納郊外的麥亞林。白雪覆蓋的森林深處有一間打獵小屋，第二天早晨天亮時，被槍聲驚醒的傭人衝進臥室一看，發現兩人的屍體倒臥在血泊中……。

這個殉情事件後來被寫成小說《朝露之戀》，還拍成電影，另有許多相關書籍出版。如此浪漫的愛情故事，連日本的寶塚劇場也曾演出。瑪莉與王子情路坎坷的故事被美化了，其實對魯道夫而言，殉情的對象並不侷限於瑪莉。據說魯道夫的真命天女其實是蜜奇・卡斯帕，他原要與蜜奇殉情卻被拒絕，臨時才決定和瑪莉一起撒手人寰。果真如此，瑪莉情何以堪。

堂堂哈布斯堡王朝的太子竟然跟普通貴族的女兒殉情！此事絕對不能讓世人知道，哈布斯堡家族決定讓瑪莉在歷史上消失，於暗地裡逐步進行。

他們先是把麥亞林列入「治外法權」管理，並且要求法醫偽造瑪莉是自殺身亡的驗屍報告，甚至命令瑪莉的叔父為她穿上衣服，為了不讓屍體倒下，背後用木棒支撐，布置成女性出門旅行的樣子，用馬車悄悄運至墓地，墓地的一角是專門埋葬自殺者。瑪莉想與心愛的魯道夫合葬的心願，最後並沒有實現。

對於這個事件的真相眾說紛紜，有一說是兩人並非殉情，而是被陰謀叛變的反政府人士殺害；有一說是瑪莉墮胎失敗之後死亡，魯道夫心存罪惡感追隨瑪莉自盡。各種傳聞都有，答案卻像謎團般無解。

✠阿嘉莎・克莉絲蒂——因失蹤事件成為暢銷作家

「推理小說女王」阿嘉莎・克莉絲蒂（Agatha Christie）也因為失蹤事件而捲入醜聞風暴。當時阿嘉莎三十六歲，與丈夫艾契保德上校住在包克夏州郊外的大宅邸，當時她已經出版七本著作，從旁人的角度來看，生活幸福又美滿。

一九二六年十二月三日晚上，阿嘉莎從包克夏州的自宅出門之後就消失無蹤。第二天早上，她兩人座的轎車在道路旁的草叢中被發現，車內留有一件皮草大衣。

媒體對此大幅報導，警方不排除自殺的可能。經過調查才發現，阿嘉莎的婚姻生活並不像外人以為的那麼幸福美滿。丈夫因外遇提出離婚要求，阿嘉莎為此煩惱不已，茶不思飯不想，夜裡也睡不安穩，精神幾近崩潰。

報紙雖然大幅報導阿嘉莎的死會使丈夫艾契保德受益，但是他有完整的不在場證明。有人說這是阿嘉莎為了讓自己更出名所自導自演的戲，也有一說是為了躲避丈夫。很多人看到報上登的懸賞啟事，紛紛投書表示知道阿嘉莎的下落，然而幾乎都是毫無助益的假消息。

十二月十四日，北約克夏州的哈洛蓋特某家飯店的服務生宣稱，他發現一名女客人長得跟報上所刊登的失蹤作家的照片一模一樣。阿嘉莎從一週前就投宿在這個飯店，跟其他客人談笑風聲，一起跳舞、打撞球，與一般客人並無兩樣。

至今仍廣受歡迎的推理小說女王阿嘉莎・克莉絲蒂。

那天晚上，阿嘉莎在飯店吃晚餐，看到登有自己照片的晚報，而經服務生通報後趕來的丈夫匆匆忙忙來到她面前，可是阿嘉莎在那一瞬間彷彿不知道來者何人。

失蹤時她穿的是針織的裙子和對襟毛衣，錢包裡只有幾英鎊；然而在飯店被發現時，她身穿最新款式的衣服，而且登記的是來自南非的遊客。

事情算是水落石出，但是高達三千英鎊的搜查費用要由誰來支付呢？當地居民對此十分惱怒，咒罵說如果稅賦增加全要怪在阿嘉莎頭上。然而阿嘉莎的新作一時洛陽紙貴，之後的作品也屢屢刷新紀錄。

這樁失蹤事件其實仍有若干疑點。阿嘉莎到飯店投宿所穿的衣服和金錢從何而來？為何投宿時用丈夫情婦的姓氏登記？為何在報上看到自己的照片和報導仍不知道是在談論自己？

阿嘉莎的親友戈登說：「這整起事件是預謀的，是根據她的小說風格演出的一齣戲。」但至少有一件事是肯定的，阿嘉莎．克莉絲蒂因這起失蹤事件成為二十世紀最暢銷的推理小說家。

✠ 瑪麗蓮．夢露——裸身陳屍自宅臥室

說到現代女性的八卦，排名第一的非瑪麗蓮．夢露莫屬。二十世紀的性感女神瑪麗蓮．夢露於一九六二年八月五日凌晨，被發現裸身陳屍自宅臥室。

一九六二年八月四日，夢露於晚上八時左右進入寢室，凌晨三點半時，女管家瑪雷夫人看見屋內燈火未熄，敲門詢問，然而不見有人回應。精神分析師格林森得到女管家的通知後火速趕來，發現夢露的屍體的時間是三時四十分，之後安杰魯．包格醫師確認夢露死亡，並向警察報案。

根據驗屍報告，死因為服用過量的鎮定劑巴必妥而造成急性中毒，在血液和肝臟裡各發現四公克、十三公克的巴必妥。安杰魯．包格醫師表示曾開給夢露五十顆安眠藥，但床邊只剩下三顆。

之前夢露數度企圖自殺，但是每次都主動打電話向友人求助。據說這次手中也握有電話聽筒，但藥物卻迅速發揮藥效。

消息傳出後，謀殺論的說法甚囂塵上。羅斯檢察局的報告書上載明死因為「服用過量巴必妥」，然而當天清晨法醫檢查胃時，並未出現服用安眠藥會出現的曲折性結晶。自殺調查組表示，如果因為服用過量而致死的話，夢露必須在幾秒內一口吞下四十七顆安眠藥，但結果卻沒有顯示出安眠藥服用過量會造成的症狀，她的身體筆直而優美地躺臥著。

另一種說法是，夢露注射大量安眠劑，但在住處並未找到針筒，遺體也未見注射的痕跡。根據法醫的報告，死亡時間正是安杰魯·包格醫師所說的週日上午三時四十分，但是醫師到達時，遺體已經開始僵硬，所以推論夢露是在三至六小時前，即週六深夜就已死亡。

電影圈對夢露的死討論不休，認為之所以疑雲重重是因為她與甘迺迪兄弟的關係。瑪麗蓮·夢露生前與甘迺迪總統及其胞弟羅伯法官之間關係曖昧而聲名大噪。大約在她死前一個月，羅伯跟她分手，夢露打電話到法院對友人說：「如果他再避不見面，我就要舉行記者會分開。」根據她的友人的說法，在夢露死亡前一天，羅伯還駕機趕到羅斯跟瑪麗蓮·夢露見面。她在與羅伯開始交往時便養成把兩人的對話寫在紅色記事本上的習慣，據說羅伯不滿在房內所談的政治機密全被她記下，而和夢露有過激烈爭吵。

在甘迺迪胞弟住宅舉行的派對上，甘迺迪總統認識了夢露。總統在紐約下榻的卡萊爾飯店旁正是夢露的公寓，夢露後來開始出入該飯店。

甘迺迪總統要與瑪麗蓮·夢露分手時請羅伯出面傳話，怎知羅伯與夢露的關係特殊。據說夢露在墨西哥接受墮胎手術，當時懷的便是羅伯的孩子。

作家薩馬斯認為，四日晚間，夢露與羅伯談判分手後飲用安眠藥，後來被救護車送至醫院立即死亡，然後緊急送回自宅，再通知醫師與警察。為了掩飾這件醜聞，羅伯要求胞弟羅福安排離開羅斯當地的時間。

還有一說是，警察與法官刻意隱瞞罪行。案發當日最早抵達夢露住宅的警官克雷蒙斯表示：「夢露是被某個親密人士注射藥劑致死，那是為了隱藏羅伯的醜聞。」

簽署驗屍報告的助理法醫葛藍帝松也表示：「一切都是經過安排的，解剖結果的檔案和瑪麗蓮・夢露的記事本都不見了。我不想簽署驗屍報告，但卻不得不從。」

令人不解的是，案發後兩名重要證人相繼失蹤；女管家瑪雷夫人在第二天便倉促離職，據說事後有款項流入她的帳戶，之後她便前往歐洲。

負責電影宣傳的帕特里沙・紐康姆曾在案發當日前往瑪麗蓮・夢露家採訪，後來他也出遠門到歐洲旅行。紐康姆回國後到法院任職，竟然就在羅伯工作地點旁邊的辦公室上班。

✠ 葛莉・拉巴爾——與舅舅希特勒傳出亂倫

希特勒的外甥女葛莉・拉巴爾，一九三一年九月十九日早上，被發現陳屍在希特勒慕尼黑的寓所。傭人夫婦敲她的房門後遲遲沒有得到回應，於是破門而入，發現葛莉倒在沙發腳邊，胸口被子彈射穿。

滾落一旁的槍枝是希特勒自我防衛專用的手槍。傭人打電話給總統的秘書海斯和醫生之後，也聯絡了慕尼黑警方，海斯和黨組織部長修特拉薩聞訊後立刻趕來。

醫生推測死亡時間是深夜，死因是以手槍自殺身亡。希特勒前一天傍晚前往紐倫堡的競選集會，在飯店門口正準備上車時得知這個消息，於是趕緊返回慕尼黑，也就是他有不在場證明。

葛莉是在希特勒出門幾小時後自殺的。照理說附近的住家應該會聽到槍聲才對，奇怪的是葛莉用毛巾包住手槍，避免槍聲傳出。殺人時這麼做還說得過去，自殺時也這樣就令人匪夷所思了。

警方根據醫師驗屍的結果，很明快地確定是自殺，並未傳喚傭人夫婦作筆錄，也沒有調查自殺動機。

在前一年的選舉中，納粹成為第二大黨，希特勒躍升為前景看好的政治家，他與保守勢力和商界立場相同，醞釀倒閣運動。葛莉的死適逢此時，受到衝擊的希特勒脫口說出葛莉是自殺的。

新聞記者蓋拉曼調查出事情的真相。九月十八日的下午，希特勒和葛莉曾經發生爭吵、屍體的臉部有明顯打傷的痕跡、葛莉曾寫信給在維也納的女性友人：「我要馬上搬到維也納。」當天晚上十點，葛莉也曾打電話給住在市內的女性友人。

蓋拉曼在十月三日的報紙上詳述自己的推理：「葛莉想趕往住在維也納的猶太人情人那兒，與希特勒發生激烈的爭吵，希特勒毆打葛莉，隨即搭乘前來迎接的座車離去。幾個小時之後，葛莉便舉槍自盡了。」

為了避免希特勒被外界懷疑涉嫌槍殺外甥女，接獲葛莉出事消息後馬上抵達現場的修特拉薩立刻要求與親納粹的法務部長見面，口口聲聲堅稱葛莉的死與希特勒絕無關係。從事後的演變推斷，這點的可信度很高。被派來的警方著手勘查屍體，透過醫師得知死亡時間和死因，判定是自殺，並未調查動機，也沒有傳訊希特勒。

更何況希特勒有不在場證明。根據保鑣的證詞，九月十八日傍晚，葛莉走到二樓的陽台，而坐上座車的希特勒不知何故顯得怒氣沖沖。也就是希特勒出門時，葛莉還活著。

據說希特勒離開後，葛莉寫信和打電話給朋友，信上和電話中的內容都是一般的談話。但是，想自殺的人還會寫信準備第二天寄出，還會用毛巾把手槍的聲音堵住，這不是很奇怪嗎？

希特勒和葛莉原本就傳有近親畸戀的不正常關係。二十三歲的葛莉姿色出眾，希特勒經常帶她出席聚會或是看戲。希特勒甚至解僱與葛莉太過親近的傭人，可見他的佔有欲十分強烈。

有人懷疑，後來葛莉另結新歡，希特勒妒火中燒，與她發生口角後槍殺她，然後乘坐轎車離去，第二天又裝作沒事一樣。由於保鑣的證詞，以及希特勒離開後葛莉所寫的信件和打電話的證據，讓整個自殺事件撲朔迷離。

也有一說是，兩人爭吵的原因並非出在葛莉身上，而是希特勒有了新女友。一九二九年，希特勒跟照相館的女店員艾娃．布朗交往。葛莉得知後要脅希特勒，如果不與艾娃分手，她要搬到維也納。她在信上說：「打算搬到維也納。」正是這個原因。

不管是自殺或他殺，葛莉的死都與希特勒大有關係，希特勒玩弄自己的外甥女，使她到了失常的地步。

✠ 莫特伯爵夫人——導致瑪麗・安東奈特毀滅的女人

說到八卦，導致法國皇后瑪麗・安東奈特毀滅的「珠寶事件」，可說是醜聞中的醜聞。

這件事的主謀莫特伯爵夫人，據說是巴洛王朝（波旁王朝之前統治法國的政權）的末代子孫，少女時代非常窮苦，甚至淪落到向人乞討度日。

莫特伯爵夫人是一個為了達成自己的野心而不擇手段的惡女。被她挑上的是法國宗教界著名的羅安樞機主教。羅安出生於法國的名門貴族，夢想能成為宰相，而阻礙他成功的絆腳石就是瑪麗・安東奈特，皇后對他的印象甚差。

羅安曾被派駐維也納擔任大使，由於喜好女色，德蕾莎女皇（安東奈特的母親）對他十分厭惡，安東奈特從母親那兒聽到有關羅安的事，在耳濡目染下，對他也極為反感。

羅安樞機主教的情人莫特伯爵夫人得知箇中原因，於是替他出主意。皇后一直想要擁有全法國最豪華絕美的鑽石首飾。

這個首飾原是路易十五世的寵妾巴利伯爵夫人所訂製的，她失寵之後，由於價格高達一百六十萬盧布，一直沒有買者出現。安東奈特皇后對這個首飾十分著迷，恨不得趕快到手，然而法國國庫並不充裕。在國王的反對下，皇后不得不打消購買的念頭。

就在此時，莫特伯爵夫人向羅安建議，將這個首飾作為禮物送給皇后，如此一來，皇后會前嫌盡釋，打從心底感謝羅安樞機主教。

莫特伯爵夫人吹噓自己是皇后的貼身女侍，可以自由接近皇后。其實她的陰謀是想利用羅安將這前所未聞的鑽石首飾據為己有。

說是要送她首飾，但並不是幫她把一百六十萬盧布付清。而是先付訂金，剩餘的金額每個月由皇后自己負擔。也就是說先斬後奏，由皇后先答應購買首飾，事後再逼國王不得不接受。

羅安樞機主教對這個計畫躍躍欲試。然而，皇后如此討厭自己，若親手將禮物送給她，她會接受嗎？莫特伯爵夫人看穿他的擔憂，說：「何不由我安排你與皇后見面。」

有一天，莫特伯爵夫人帶著羅安樞機主教到凡爾賽宮的庭院，自導自演「晉見皇后」的戲碼。實際上，莫特伯爵夫人說的全是謊言，她安排一名長得酷似皇后的妓女，不知情的羅安趨前下跪，聽到皇后說：「以前的不愉快既往不咎。」

接著一切順利進行。莫特伯爵夫人偽造皇后承諾羅安「珠寶購買計畫」的證明書，羅安立即前往珠寶商那兒，自己預付首飾的部分金額，剩餘的則由皇后兩年分四次分期付款，雙方並簽署契約。

這個首飾從珠寶商手中到羅安樞機主教手裡，再由羅安交給莫特伯爵夫人。莫特伯爵夫人確實是在羅安面前將珠寶交給皇后的使者帶回，然而這名使者與伯爵夫人是共謀，首飾就此下落不明，突然消失了。

一直到珠寶商眼看期限將屆，皇后卻無任何音訊，珠寶商覺得不對勁才驅車前往凡爾賽宮一問究竟，皇后失聲驚叫：「什麼首飾？」他一聽驚訝得幾乎要昏倒了。

於是莫特伯爵夫人的陰謀才真相大白。皇后氣得全身顫抖，把羅安喚來：「我不可能找你幫我買首飾，你明明知道我十分討厭你。」並且立刻要求國王逮捕羅安。

此時莫特伯爵夫人藏身在鄉下的領地，將到手的首飾分解，轉賣給歐洲各地的珠寶商，用變賣所得的鉅款過著奢華的日子。

不久之後，莫特伯爵夫人被逮捕，同是被害人的羅安樞機主機也因為不敬的罪名被逮捕。最後，羅安無罪釋放，莫特伯爵夫人的背上則被烙印作為懲罰。

這個事件將法國捲入醜聞的漩渦，世人對被害人瑪麗・安東奈特皇后心存批判。百姓也認為一向奢華的皇后不可能和珠寶事件無關。

後來莫特伯爵夫人越獄成功，在倫敦出版回憶錄，把整起事件全部嫁禍給皇后。書中內容頗具說服力，伯爵夫人反而成為那個事件的犧牲者，博得社會大眾的同情。

✠ 維多利亞女王——愛戀翩翩美男子

一九七九年五月二十一日，美聯社發布一則新聞：「維多利亞女王秘密結婚」，消息傳出後造成不小的衝擊。主張此說的人是蘇格蘭美術館館長馬克得納德。根據他長年調查的結果，女王在丈夫亞伯特親王（Prince Albert）去世後，跟王室森林管理人約翰・布朗秘密結婚。

眾所周知，布朗對成為遺孀的女王忠心耿耿，悉心侍奉。至於後來他跟隱退的女王秘密結婚、甚至生下孩子的事，則令人難以置信。

王室方面提出反駁，認為皇家圖書室中所有的資料並無此記錄，馬克得納德館長所言實屬空穴來風。

然而根據馬克得納德館長的說法，某天早上布朗從女王的臥室離開，不慎被侍女撞見，於是向女王請示去留，女王說：「我們問心無愧，不用擔心。」另外，主持女王與布朗秘密結婚的祭司臨終之際曾將這個秘密全盤托出，並有錄音為證。其三，兩人所生的男孩隱居巴黎，九十歲去世。

維多利亞女王與夫婿亞伯特親王生有九個孩子，家庭幸福美滿。自一八六一年夫婿突然去世後，女王就不曾出現在公開場合。

亞伯特親王去世時，女王四十二歲。此後，她的枕邊一直放置亡夫的照片，而仿製先夫手部的石膏像也擺在化妝台。僕人每晚為死者準備睡衣，早上則送來刮鬍子的熱水。女王的喪夫之痛，筆墨難以形容。

一八六四年十二月，約翰・布朗以侍從的身分被召入宮，女王的臉上出現「自從夫婿死後首度出現的微笑」。女王四十五歲，布朗則是壯碩的三十八歲男子。不到兩個月，他的年俸就升至一百二十英鎊，成為聽命於女王的專用侍者，只服從女王的命令。

一生處於動盪的維多利亞女王。

兩人之間的愛苗因後來發生的事件更上一層樓。一八七二年二月二十七日，聖保羅教堂舉行太子身體康復祈禱會。兩天後，女王乘坐馬車在公園散步，兩名王子跟隨在後，布朗亦如往常擔任護衛。

馬車返回白金漢宮的途中，突然有一名年輕男子跳上馬車，舉起手槍對準女王的臉部，周圍的人驚慌失措，只有布朗臨危不亂，反應敏捷。他跳下馬車追著男子一路奔跑。

此後，在一般大眾的眼中，布朗從誘惑女王的壞男人變成了英雄救美的男主角。女王替他增加二十五英鎊的年金作為褒賞，並且贈封騎士勳章。

一八八三年，布朗五十六歲，死於急性傳染病，遺骸安置在溫莎城堡的克拉蘭絲塔。王室相關新聞記事中有關布朗的死亡記載竟然破格長達二十五行。

維多利亞女王出席布朗的葬禮，王室成員則大半藉口無法出席。女王在棺木前致哀悼辭：「僅以愛與感謝與友情，作為最後贈言。你最忠實的好友維多利亞女王敬上。」

一九〇一年，維多利亞女王去世，繼位的愛德華七世試圖將布朗的記錄徹底抹除。他將母親珍視的照片全數燒毀，又命令毀壞布朗的雕像，還把溫莎城堡內布朗的房間改成撞球室。不用說，這樣做只會更加證明了女王與布朗之間難分難解的關係。

自己的乳房或臀部。

知名美女的房間裡，經常聚集達官顯貴，大家一邊起鬨一邊幫忙她化妝。英國查理二世的寵妾普茲瑪斯公爵夫人的「朝見」，據說多達十名的貴族一起列席欣賞秘密的演出。

尤有甚者，女性會帶客人進入浴室，甚至在浴盆中會客。女人在杏仁香的白色液體中，身體若隱若現，卻仍口口聲聲說不怕穿幫……。

朝見

十八世紀的歐洲，女人的化妝間或臥房，男性客人可以通行無阻，此即「朝見」，在當時的社會十分盛行。

紳士可以自由欣賞貴婦躺在床上撩人的姿態，或是全身赤裸在浴室澡盆中的模樣，甚至還可以和她一邊聊天。雙方發生特殊關係也並非不可能的事。

女人利用「朝見」的場合展現自己最具魅力的一面，非但以高價賣出，甚至還有競賽。洗淨而不施胭脂的肌膚之美更加刺激男人的欲望。

當時的女性有每日化兩次妝的習慣，第一次化妝絕對不讓人看到。男人進入女人房裡看到的其實是第二次化妝。女人為了讓男人欣賞她化妝的模樣，於是故意在男人面前再化一次妝。

女人穿著薄紗睡衣，玲瓏的曲線若隱若現，好讓男人可以輕鬆欣賞。此時，男人彷彿是在觀賞女人表演脫衣舞和女人的私密。

女人也知道如何吊男人的胃口，換衣服時刻意要男人幫忙，故意讓對方碰觸自己的肌膚，心中則竊竊期待對方會忍不住伸出手來撫摸

第十二章

爲男人命喪黃泉的惡女

✠ 蘇菲亞·多勒泰——因百封情書惹禍上身

「為愛而生」、「為愛奉獻」說起來容易，做起來則是另一回事。戀愛之「苦」要比「樂」多得多。有的女人一生經歷過一次激情，留下刻骨銘心的回憶；有的女人因愛情而身敗名裂，再也回不到原來的生活軌道，如此為愛犧牲的人不在少數。

一六六〇年，以國色天香之姿而著稱的蘇菲亞·多勒泰，生於戴爾公爵之家，十六歲的時候嫁給鄰國哈諾巴選帝侯的佳爾客。蘇菲亞·多勒泰的丈夫十六歲時就與寵妾生下私生子，是個性好漁色的怪人。婚後兩人的生活並不幸福，而且舅舅哈諾巴侯爵有一位驕傲的情婦——馮布拉登伯爵夫人，蘇菲亞的一舉一動都被夫人所派的間諜加以監視。

此時她與兒時同伴菲力普·肯尼茲麥克伯爵相遇。肯尼茲麥克伯爵變成俊美的青年，極有人緣，被任命為哈諾巴家族的傭兵隊長，住在宮廷附近。

被他的魅力吸引的不僅是蘇菲亞，還有哈諾巴侯爵的情婦馮布拉登伯爵夫人。她對於蘇菲亞與肯尼茲麥克伯爵之間的關係頗感嫉妒，計畫破壞兩人的關係。

一六九〇年五月，宮廷舉行化妝舞會，庭園各處的涼亭都有男女出雙入對。馮布拉登伯爵夫人引誘肯尼茲麥克伯爵，起初伯爵十分猶豫，但卻在瞬間被她的美色蠱惑了。

就在緊要關頭時傳來兩名男子的腳步聲，正是佳爾客與馮布拉登伯爵，伯爵夫人大叫一聲地

蘇菲亞．多勒泰被幽禁在城堡中度過一生。

推開肯尼茲麥克伯爵逃走，還故意將繡有蘇菲亞字母縮寫的一只手套留在現場。

其實在前一天晚上用餐時，蘇菲亞將丈夫贈送的手套遺落一只在地上，被伯爵夫人撿起。在庭園發現手套的佳爾客認為，肯尼茲麥克伯爵和蘇菲亞兩人有曖昧關係。

肯尼茲麥克伯爵在前線作戰的兩年半中，與蘇菲亞之間有上百封的情書往來。一六九四年，對法戰爭結束，軍隊復員，肯尼茲麥克伯爵返回哈諾巴，催促蘇菲亞盡早與他私奔。數日後，肯尼茲麥克伯爵終於等到蘇菲亞的回信。雖然不是她的親筆信函，但是由於蘇菲亞也常交代侍女代筆，也就不疑有他。

深夜時，肯尼茲麥克伯爵喬裝一番後出門，抵達宮殿時，穿過沒有上鎖的後門，進入蘇菲亞的房內，蘇菲亞看到肯尼茲麥克伯爵十分驚訝，一副不曾有寄信那回事。肯尼茲麥克伯爵發覺不對，立即轉身離去，但是，馮布拉登伯爵夫人早已通報他藏在宮廷一事。

由於伯爵夫人的請求，於是哈諾巴侯爵在逮捕肯尼茲麥克伯爵的狀子上簽字，並命令宮廷護衛的武官派遣四名高大的護衛跟隨伯爵夫人，一行人潛入騎士房間，躲在暖爐的陰暗角落。

肯尼茲麥克伯爵折回後門，發現門已上鎖，而能通往前門的那條路則會經過騎士房間。當他往前走時，突然從暗處跳出男子的身影，同時馮布拉登伯爵夫人也從暗處走出來，高高舉起火把。

肯尼茲麥克伯爵遭到襲擊，情勢十分危急。突然，男子一起將長槍刺進伯爵的身體，將他拖至玄關。肯尼茲麥克伯爵臨死之際，與在玄關等待的馮布拉登伯爵夫人四目對望，他滿懷恨意地抬頭望著伯爵夫人，用盡最後的力氣破口大罵。伯爵夫人也恨恨地用腳踩踏他的嘴，肯尼茲麥克向後一仰終於斷氣。他的屍體被扔進水溝，犯罪現場被塗抹上生石灰加以掩蓋。而護衛接著到肯尼茲麥克伯爵家搜索，從蘇菲亞的信中發現兩人的私奔計畫，蘇菲亞因而被軟禁在房裡，肯尼茲麥克伯爵的親戚向哈諾巴家族詢問事情原委，哈諾巴家族則表示一無所悉。

後來蘇菲亞被監禁在娘家戴爾公國的奧丁城堡，世人都十分同情蘇菲亞，至於哈諾巴選帝侯父子倆則自顧不暇，因為有更大的事件發生了。

一七一四年，英國王位繼承人哈諾巴選帝侯的妻子蘇菲亞（佳爾客的母親）突然去世，兩個月後，安妮女王也去世，佳爾客意外地繼承了英國王位，以喬治一世之名登基，在情人的陪伴下前往英國，而哀傷的蘇菲亞仍然被幽禁在奧丁城堡。

多年後的一七二六年，喬治一世拜訪哈諾巴，突然得知妻子的死訊，當皇家的馬車經過宮廷的中庭時，一名男子將一個包裹投擲在國王的跟前。

喬治一世把包裹打開後臉色發白，原來是妻子蘇菲亞寫給他的信，信中全是咒罵，還附上吉普賽的預言：「期待最後的審判與你同席，我相信你不會活得比我久。」

讀完信後，喬治一世突然怪病發作，預言果真應驗了。他於一七二七年去世，與其說英國臣民悼念他的死，還不如說眾人同情被幽禁三十二年的蘇菲亞。

✠ 碧安卡・卡佩羅——被誣陷殺人的美女

堪稱義大利文藝復興後期最後一顆寶石的絕世美女碧安卡・卡佩羅（Biannca Cappello），是十六世紀威尼斯的名門之女，她與十七歲的書記皮耶托勒・伯那文切利私奔。

皮耶托勒的工作地點在卡佩羅的宮殿正對面，他對碧安卡一見鍾情。週日的時候，皮耶托勒到教會坐在她身旁搭訕，碧安卡也被他吸引，最後帶他進入閨房。

兩人的戀情澎湃激烈，某日碧安卡趁著父母外出，與前來接她的皮耶托勒一起搭乘鳳尾船遊玩。前往的地點是皮耶托勒住在佛羅倫斯的父親家，兩人在附近的教堂秘密舉行結婚典禮後，碧安卡就足不出戶，因為擔心一旦被發現，皮耶托勒會被刺客割喉。當時的威尼斯，誘拐女性貴族會被判死罪。

有一天，碧安卡從面向聖馬可廣場的窗戶往外看，正好有一名前呼後擁騎在馬上的貴族經過。他經過廣場時向碧安卡打招呼。原來他是托斯卡尼大公國年僅二十歲的法蘭契斯卡

（Francesco）大公爵。法蘭契斯卡聽說他們兩人的羅曼史，很想見這個威尼斯美女，果然一見傾心，難以忘懷。

受公爵之託的奶媽——蒙得拉歌侯爵夫人——接近碧安卡，很巧妙地勸誘碧安卡：「如果有公爵的保護，就不用擔心威尼斯方面的追兵偷襲。」

某一天，碧安卡盛裝打扮，與夫婿坐上前來迎接的馬車。侯爵夫人滿臉笑容地迎接他們，邀碧安卡欣賞她珍藏的珠寶，又帶她來到另一個房間，而在房裡等待的就是那天經過她家門口的貴族。

此後，碧安卡就像被蛇盯上的青蛙，遭法蘭契斯卡侵犯，就這樣留在蒙得拉歌侯爵官邸。皮耶托勒被任命為替法蘭契斯卡管理服裝，碧安卡則被贈予一棟靠近法蘭契斯卡居住的皮堤附近的房子。

法蘭契斯卡正式將碧安卡以寵妾的身分介紹給宮廷。碧安卡原本是既抵抗又哀嘆，如今卻有無比的幸福感，因為法蘭契斯科對她十分痴情且疼惜。

然而她的幸福出現了陰影，法蘭契斯卡的弟弟斐迪南曾以樞機主教的身分駐在羅馬，於一五六九年回到佛羅倫斯時，也被碧安卡的美貌所吸引。有一天，暗戀有夫之婦的斐迪南編造藉口引誘碧安卡到房內，碧安卡在千鈞一髮之際脫逃，從此斐迪南對碧安卡懷恨在心。

法蘭契斯卡的妃子約芳娜對碧安卡懷有敵意，斐迪南與她聯合策畫不利碧安卡的計畫。

一五七一年，碧安卡的夫婿皮耶托勒被法蘭契斯科封為貴族。雖然人們咒罵這是賣妻所換來的幸運，他卻一點也不在意，甚至與佛羅倫斯的美女卡珊德拉·里其歐發生戀情。

第二年八月，發生了震驚世人的事件。在碧安卡寢室的窗戶下面，發現了其夫婿皮耶托勒血肉模糊的屍體，全身有二十五處刺傷。與此同時，卡珊德拉也被發現陳屍在自家寢室內，全身也有二十五處刺傷，其中一個乳房被切下，下腹部則被割傷。

社會上謠傳碧安卡嫉妒丈夫與卡珊德拉的婚外情，於是收買刺客殺死兩人。在今天，比較有力的說法是：兇手就是傳出這個流言的斐迪南。因為他自羅馬歸鄉，的確與卡珊德拉接近。不論如何，事情並沒有如他所願，法蘭契斯卡對碧安卡的愛是越來越深。

法蘭契斯卡的妃子約芳娜連續生下五個女兒，而他一直希望有男孩。碧安卡與約芳娜彼此較勁，看誰先生下男孩。

一五七六年八月二十九日，法蘭契斯卡公爵從碧安卡的主治醫師那裡得知她將產下男孩而欣喜若狂。然而斐迪南樞機主教的情報顯示，生產一事純屬虛構並非事實。斐迪南將守在一旁的侍女抓來後得知事情的真相，原來是某名女性將剛落地的嬰兒送到碧安卡的房裡。

被逼問的碧安卡最後說出實話，法蘭契斯卡公爵大吃一驚，左思右想之餘又拒絕不了碧安卡的哀求，於是答應絕對不會將孩子並非兩人所生的秘密洩露出去。

一五七八年五月十一日，第六度懷孕的約芳娜步出教堂時自階梯摔下，因為出血過多突然去世，於是坊間又傳出是碧安卡毒殺的流言：「先殺親夫，再殺情敵，那個女人是戴著美女面具的惡魔。」

即使如此，法蘭契斯卡對碧安卡的愛始終不變。約芳娜死後一個月，法蘭契斯卡公爵與碧安卡於維奇歐的小教堂秘密舉行結婚典禮；第二年舉行碧安卡公爵夫人的戴冠儀式，各國使節紛紛列席，場面莊嚴隆重，命運之神此時正眷顧著碧安卡。

一五八七年秋天，從羅馬歸鄉的斐迪南樞機主教和法蘭契斯卡舉行打獵宴會，慶功宴上有芭蕾舞等節目助興；晚會中，法蘭契斯卡突然身體不適，從佛羅倫斯急忙趕來的兩名御醫證實是前晚吃的蘑菇造成中毒。

兩天後，輪到碧安卡出現同樣的症狀。不安的客人們紛紛告別，最後只剩下斐迪南樞機主教，他顯得異常冷靜，眾人不禁起了疑心。

法蘭契斯卡夫妻倆的病情惡化，斐迪南儼然成為一家之主。他把公爵的心腹支開，將自己的家臣集合在別墅中，法蘭契斯卡臨終前呼喚胞弟，痛苦地說：「是你下的毒手。」之後便在懊悔中去世。

丈夫臨終的同時，碧安卡也陷入危急狀態。目睹兄長去世的斐迪南來到碧安卡面前，逼迫她說：「公爵已經承認一切罪名，妳也一樣懺悔吧。」意識模糊的碧安卡一直呼喚丈夫的名字，同時咒罵丈夫卑鄙的弟弟，斐迪南無動於衷地看著痛苦的碧安卡。

碧安卡在丈夫死後的十一個小時去世，三個小時不到，斐迪南帶領家臣等人前往佛羅倫斯，繼承亡兄之位，成為第三代的托斯卡尼大公爵。

✠綠克蕾西亞・波嘉——因「丈夫性無能」被迫離婚

綠克蕾西亞・波嘉（Lucrezia Borgia）出生於十五世紀的義大利，一生有兩大不幸：一是長得太美，二是被野心勃勃的父兄所控制。綠克蕾西亞的父親是羅馬教皇，亦即以荒淫無道而聲名狼藉的亞歷山大六世。長兄西薩（Cesare）則是一心想稱霸義大利的野心家。

綠克蕾西亞的人生彷彿是為了滿足父兄等人的野心；依照他們的意思一會兒嫁給A君，一會兒又嫁給B君，她的人生宛如鐘擺般搖擺不定。

她最初的結婚對象是米蘭公爵的親戚比薩羅伯爵喬凡尼・斯福爾扎（Giovanni Sforza）。綠克蕾西亞十二歲的時候，為了平衡當時分裂義大利的米蘭與那不勒斯這兩股勢力，身為羅馬教皇的父親於是安排這樁政治婚姻。

父親以綠克蕾西亞年幼為由，提出結婚後一年內不得圓房這種不可思議的要求。實際上，這是因為時時刻刻注意權力版圖變化的教皇，一旦發現有利的聯姻關係，想隨時將女兒從比薩羅伯爵身邊要回來，而堅守著可以做離婚的首要條件就是「新娘仍是處女之身」。

比薩羅伯爵最初忍氣吞聲，因為對方畢竟是教皇的女兒，而且嫁妝十分壯觀。然而一年過後，教皇卻不承認兩人的夫妻關係，想將綠克蕾西亞另做安排，於是著手兩人的離婚計畫。

離婚的理由是比薩羅伯爵無法人道，兩人的婚姻無效。然而，比薩羅伯爵以前也曾與其他女人結過婚，以不能人道為由強迫離婚，實在是一大恥辱。

怒氣沖沖的比薩羅伯爵在坊間到處放話，綠克蕾西亞之所以會從自己身邊被搶走，是因為她與教皇和兄長西薩有不倫關係的緣故。從此，有名的波嘉家族亂倫的流言傳遍整個歐洲。

由於不堪醜聞纏身，綠克蕾西亞逃離梵諦岡，在羅馬的修道院隱居。不巧的是，綠克蕾西亞在修道院期間，二哥朱安的屍體在台伯河被人發現。據說下手的人是長兄西薩，喜好玩弄權術的他，為了達成自己的野心而將絆腳石的弟弟殺害。

待在修道院的綠克蕾西亞與擔任父親聯絡工作的侍者培特洛相戀，繼而懷有身孕，父親與兄長因為「貴重的物品被損害」而震怒不已，數週之後，培特洛的屍體也在台伯河被人發現。綠克蕾西亞所生的嬰兒被視為是西薩的孩子，此後坊間流傳綠克蕾西亞的情人被兄長西薩殺害。

連哀傷情人遇害的時間都沒有的綠克蕾西亞，此時又被兄長安排嫁給那不勒斯王室的阿方索（Alfonso）王子。丈夫英俊溫柔，夫妻倆過著幸福的生活，然而西薩為了自己的利益以妹妹進行政治婚姻，一旦情勢改變了，又將妹婿當作障礙物處理掉。

某天夜裡，阿方索在聖皮埃特洛廣場遭到武裝團體襲擊，被傷得奄奄一息。綠克蕾西亞知道是誰下的毒手，她決定賠上性命也要照顧自己的夫婿。綠克蕾西亞片刻不離地照顧夫婿，甚至害怕他被毒殺，所以親自烹煮食物。

有一天，父親叫喚綠克蕾西亞，她暫時離開房間，就在這個時候丈夫被數名衛兵襲擊，臉被人用枕頭壓住窒息而死。聞訊趕回的綠克蕾西亞悲傷萬分，整個人失魂落魄。

綠克蕾西亞・波嘉一生飽受父親、兄長利用而一嫁再嫁。

是西薩下毒手的說法再度傳開，綠克蕾西亞身邊僅留下未滿一歲的孩子。她的兩次婚姻都遭到無情的破壞，令人訝異的是她又被安排了一樁婚姻。這次的對象是費拉拉（Ferrara）的艾斯特（Este）家族的阿方索一世，與費拉拉有連帶關係的曼特布也因這樁婚姻而變成教皇的領土。西薩計畫展開波羅涅攻掠戰，而這樁婚姻的目的就在於除掉障礙。

父親與兄長匆匆脫下喪服，換上華麗的結婚禮服，看在眼裡的綠克蕾西亞不知作何感想？是將所有的一切都偷偷地鎖在心中還是隱忍終致變成不幸的詛咒？

一五〇二年，綠克蕾西亞嫁到費拉拉公國，第二年夏天發生了影響她一生的大事。一五〇三年八月五日，稱霸全義大利的西薩和羅馬教皇招待某位樞機主教到別墅遊玩，數日後，兩人發高燒且嘔吐不止。坊間流傳原本是企圖暗殺樞機主教，結果自己卻誤吞毒藥。教皇經過兩週的折磨後去世，西薩在鬼門關前逃過一劫。從此波嘉家族急速沒落，西薩被新教皇朱利歐二世逮捕。

綠克蕾西亞不久得知兄長西薩的死訊，投奔納瓦爾王，然而納瓦爾王在與敵軍對陣時被敵人砍死。

此後十二年，綠克蕾西亞致力於育兒與慈善事業。雖然有人示好求愛，綠克蕾西亞並無喜悅之情，也未以身相許。一五一九年，她以三十九歲的芳齡孤寂地離開人世。

✠ 卡蜜兒·克勞岱——嫉妒與悔恨交加的恐怖雕刻家

卡蜜兒·克勞岱出生於法國，立志成為雕刻家，當時的女性很少以此為志願。她在巴黎的美術學校念書，並且在工作室創作，為裸體模特兒和各行各業的人雕刻。她的外表纖細嬌弱，實質上是一名堅強的女性。

卡蜜兒十九歲的時候，遇到一名扭轉她命運的男人——雕刻家羅丹。羅丹當時四十二歲，體格強健，蓄著長鬍鬚，藍色眼睛，在雕刻界已頗有名望。

對卡蜜兒而言，羅丹是高高在上的前輩，除了景仰，也深深被他充滿自信的男性魅力吸引。

羅丹眼中的卡蜜兒則是情感充沛，充滿才華，深具魅力。

師徒的關係不久就演變成男女關係。這是卡蜜兒的初戀，而且對方是個性強烈的名人，她不禁陷入熱戀的漩渦中。

卡蜜兒到羅丹的工作室學習，充當羅丹的模特兒，並且協助創作。陷入戀情的卡蜜兒從少女變成女人，在羅丹的作品中獲得昇華，《冥想》、《曙光》、《法國》都是羅丹以卡蜜兒為模特兒的創作。

羅丹為了與卡蜜兒幽會，租借果立努爾的公館，出席公開場合時也帶她前往。就以上的情況來說，應該是覺得已經到達幸福的頂端，然而卡蜜兒並不這麼認為，因為羅丹另有女人。

二十年前羅丹還沒沒無名，羅絲就與他在一起，甚至為他生下一子，雖然沒有結婚登記卻有夫妻之實。羅絲也是作品中的模特兒，一直被他的用情不專所困擾，然而不管多麼痛苦，她都默默地等待他回來。

當卡蜜兒出現的時候，羅絲感覺到前所未有的危機感。兩人不是單純的夥伴關係，而是藉由雕刻緊緊相繫。嫉妒的羅絲對兩人在外築愛巢十分憤怒，甚至公開打卡蜜兒耳光。個性單純、涉世未深的卡蜜兒，並未想過羅丹還有其他女人。

羅絲和卡蜜兒在羅丹的面前較勁，逼迫羅丹作選擇。羅丹的選擇從後來的結果便可知曉。一個是家庭型的羅絲，一個是熱情澎湃的卡蜜兒；一個代表安定的家庭生活，另一個代表藝術家的靈感來源。不管是哪一個，狡猾的羅丹都想據為己有。

為什麼不選擇我？嫉妒與悔恨交加的卡蜜兒哭到天明，自尊心強的她拒絕演出落淚哀求的劇碼。其實她知道她藏在內心的思念比誰都強烈。

卡蜜兒在痛苦地掙扎時，羅丹仍繼續工作，如今已是訂單不斷的大師級人物。他和卡蜜兒在一起時的創作有《薩岡達拉》（Cacountala）、《華爾滋》（the Waltz）等若干傑作。諷刺的是，知道他們兩人關係的人都覺得這些並非羅丹的作品。

對愛情與工作俱感疲憊的卡蜜兒決定獨立，她離開果立努爾，這有如從娘家出走一般。卡蜜兒在外租了工作室住下來，一個人孤獨地創作。然而青春與美貌不再的卡蜜兒，不管作品多精采，都被說是模仿羅丹。

卡蜜兒原本就十分內向，這時變得越來越封閉，她一心想改變作風，想自羅丹身邊離開，但是生活費、租金、雕刻的材料費等都令人費心。卡蜜兒沒有朋友可傾訴心裡的事，最後精神耗弱而疲憊不堪。

卡蜜兒開始跟周圍的人訴說奇怪的妄想，例如：「羅丹剽竊我的創意、羅丹派間諜來監視我、羅丹的手下要殺我」。不僅工作室一片混亂，卡蜜兒還用鐵錘一一擊毀精心製作的雕刻。

她這個時期的繪畫有幾幅留了下來，其中之一是雙手反綁的羅丹獨自關在房裡，被塗上恐怖顏色的羅絲手裡拿著掃帚；或是裸體的羅丹與羅絲背對背、屁股緊貼著。每一幅都是羅丹被羅絲束縛的姿勢，顯得奇特不已。如果這是卡蜜兒盡全力所能做的反抗，那也實在太令人唏噓了。

一九一三年，卡蜜兒四十八歲，母親決定把她強制送進阿比尼精神病院。一直到七十八歲嚥下最後一口氣，卡蜜兒都沒有離開過精神病院。三十年的幽禁歲月中，卡蜜兒寫了好幾次的信：「讓我出去，我的病已經好了，我會乖乖的。」但是母親堅決不讓卡蜜兒離開。

三十年間，卡蜜兒的母親僅寫過一次信給主治醫師，信上說：「女兒非常可惡，我再也不會跟她見面。」內容極為冷淡無情。母親只喜歡妹妹而討厭她，從來不曾了解自己的女兒，也從來沒有愛過她。

一九八八年，法國上映由伊莎貝爾・艾珍妮（Isabelle Adjani）主演的《羅丹與卡蜜兒》，獲得奧斯卡金像獎的提名。接著有人為卡蜜兒・克勞岱翻案，她的才華終於為世人知曉。如此熱切期待成為雕刻家的卡蜜兒，直到死後四十餘年才獲得應有的聲名。

✠ 瑪塔・哈麗──游走在歐洲著名政治家、企業家之間

一九一七年十月十五日凌晨，巴黎郊外，法國騎兵、砲兵、步兵成矩陣圍住一棵樹木，樹木一旁停有承載棺木的馬車。

晨霧中出現一台囚車，一名帽飾綴有鈴鐺、身披紅色斗蓬、腳穿靴子的女子從囚車走下來。指揮官一聲令下，士兵舉槍，女人在鼓聲隆隆與喇叭聲齊鳴中面向方陣。一名兵士出列，大聲說道：「根據第三軍法會議的裁決，瑪格麗特・謝雷以涉嫌間諜罪名處死。」

十二名槍手組成的行刑大隊在木樁前一字排開，一名憲兵將她綁在木樁上，另一人想為她蒙

以間諜之名被處死的瑪塔・哈麗妖艷的臥姿。

上眼罩。此時又稱瑪塔・哈麗的瑪格麗特・謝雷靜靜地阻止道：「不要碰我，我不需要面罩，也不需要尼龍繩。」

有如走馬燈燦爛的人生在瑪塔腦海中盤旋不去：曾經風靡世界的舞台、多彩多姿的生活、背叛她的男人們……。她的眼中湧出淚水，軍刀揮下，十二枝槍同時噴出火焰。

第一次世界大戰如火如荼展開之際，艾菲爾鐵塔內法軍的無線電台接收到德國軍方與世界各地通訊的密碼，並送至陸軍的密碼解讀局。

一九一六年夏天，駐守馬德里的德國海軍武官宮克倫，收到來自阿姆斯特丹的德國大使館打來的電報：「為了H21盡速送來一萬五千馬克。」兩週後，宮克倫發出電報給柏林的海軍部：「H

21潛入法國已作好準備，需要資金一萬二千馬克。」

據說H21是德國有名的女間諜瑪塔・哈麗所使用的代號。一八七六年，瑪塔・哈麗生於荷蘭，二十七歲時與佔領爪哇的司令官丈夫離婚，在巴黎成為一名舞者，自稱出生於印尼，以爪哇原住民的舞蹈在社交界頗受注意，歐洲著名的政治家、企業家等相繼與她保持關係。

舞台上隱隱約約的燭光中，管弦樂團演奏起東洋風的音樂，瑪塔身著鑲嵌寶石的胸罩出場，性感的舞蹈令觀眾心蕩神馳。

為何法國當局會斷定H21就是瑪塔・哈麗？因為宮克倫的電文發出後，調查自馬德里入境巴黎的名單中出現了她的名字，其實在這之前她就已經被懷疑是德國的間諜，只是沒有確切的證據，所以只能暗中監視。瑪塔不過是入行不到一年的新手間諜，交往的對象都是軍人，此點對她非常不利。

法院證明有具體事證顯示瑪塔・哈麗將情報轉入德國，所竊取的情報造成協約國五萬名士兵傷亡，因此宣判執行槍決。

也有一種說法是瑪塔並非間諜，不過是舞者兼高級妓女而已，因為世人各種臆測與流言，才有「世紀女間諜」的傳說盛行。首先，瑪塔何時又為何成為間諜？此點不得而知。如果目的是金錢，其實她頗多金，來自男人的高價禮品不斷，何必冒險斷送自己的前途？

戰時，瑪塔於歐洲通行無阻，與法國和德國重要人士皆有交情，但是對她而言，只要是肯花錢的金主，哪一國人她都歡迎。

瑪塔被逮捕後不過八個月就被判刑，動作異常迅速，當時戰爭已進入第三年，各地不堪戰亂的士兵相繼傳出暴動。從軍方的角度來看，為了鎮壓這個狀況，需要代罪羔羊，此時瑪塔便成了活生生的祭品，令人不勝唏噓。

有在行房之前將水蛭放進新娘下體吸血的野蠻方法。如此一來，體內會有血泡，初夜時男人進入時就會出現像落紅的樣子。

當時的女性如果已經不是處女了，反而會過度誇張地演出處女破身的模樣來。據說拿破崙在初次行房時被約瑟芬飼養的狗給咬傷，這無異是她誇張地演出處女破身的痛苦。那隻狗一定是誤以為女主人遭到襲擊，於是採取攻勢。

處女之身

君主時代有一種習俗，初夜的第二天早晨，新娘子必須對新郎的親朋好友公開展示沾有血跡的床單，以證明自己是處女之身。處女是成為新娘的首要條件。

摩洛哥的法斯王國，新郎、新娘共度初夜的同時，受邀的貴賓會在旁邊的房間裡等待。房事進行順利後，新郎、新娘會展示沾有落紅的床單，此時喝采聲響起，宴會隨即展開。若不見血跡，丈夫會將妻子送還給新娘的父母，賓客便只好空著肚子，掃興而返。

現在有所謂的處女膜再生術，但在當時這絕不可能。女性如果被強暴失身，或是一時激情將童貞獻給初戀情人，可說此生就毀了一半。

但即使失去處女之身，也有許多假裝處女的方法。產婆或修士等人會大叫：「幫助失身的人恢復處女之身！」悄悄地販賣據說可使處女膜收斂的怪藥。

古羅馬時代，在魚的膀胱中注入鴿子的血，初夜時在床上將其弄破，床單上便會有血跡，這是冒充處女的詐騙伎倆。十六世紀時，也

第十三章

膽大妄爲的女罪犯

✠ 貝拉・蘭茲——患有戀屍癖，最愛收集屍體

犯罪的形式千奇百怪。殺人的動機則包括金錢、物欲、嫉妒、佔有欲、怨恨，以及殺人本身所帶來的快感，甚至有人因為厭倦照顧老母而狠心下毒手……。

殺人的理由各有不同，殺人的方法和犯罪的種類也層出不窮，然而不管在何時何地，犯罪者的足跡永難杜絕。

是因為人類容易墮落？內心深藏突破禁忌的強烈渴望？還是所謂的法律，根本是要人遵守不合情理甚至無理的規範？

說到女性的犯罪者，其中最為獨特的就是貝拉・蘭茲。你聽說過戀屍癖嗎？有人會殺死心愛的對象，愛撫死者的身體以獲得滿足。

每個人都不希望喜歡的人被奪走，此種想法變得極端時，甚至會有不惜殺害對方以求永遠留在身邊的念頭。

有人不但有這樣的想法，而且付諸行動。二十世紀出生於羅馬尼亞的貝拉・蘭茲，佔有欲非常強，始終無法因為擁有一個人就感到滿足。

貝拉・蘭茲與年長的企業家戀愛後一起私奔，生下一子，不知從何時開始，附近的鄰居就沒再看到她丈夫的蹤影。

「最近都沒見到男主人，是不是生病了?」附近喜歡打聽八卦的三姑六婆這麼一問，貝拉回答丈夫跟別的女人到國外去了。由於這對夫婦舉止優雅，周遭的人似乎也信以為真。

不久，貝拉不知在哪兒遇見一位美少年而與他結婚，四個月後，丈夫又不見蹤影。鄰居再度詢問，貝拉回答他跟別人私奔了，自己也是事後收到信才知道。由於這位新婚丈夫原本就是花花公子，大家也不疑有他。

就這樣，貝拉的家中不斷出現新的男主人，但又一個個消失。由於泰半是外地人或外國人，什麼時候不見了蹤影似乎也不是什麼大不了的事。

直到第三十二位情人碰巧是當地名流，在他人失蹤後家人提出搜索請求，貝拉的罪行才東窗事發。

警方到貝拉家中搜查時，在地下室赫然發現三十五具棺木，上面一一註明死者的姓名與年齡。其中丈夫的棺木有兩具，情人三十二具，最後一具是誰的呢?竟然是她的兒子。

面對警方的追問，貝拉並未露出嫌惡的表情，並且坦承是用砒霜殺害他們。

「誰知道這些人會不會用抱我的手再去抱別的女人，一想到這點，我就受不了。」審判時，貝拉美麗的臉龐泛著紅暈這麼說。連獨生子都殺害，是為了防止有一天他長大成人會被別的女人奪走。據說每天入夜之後，貝拉會拿著燭台潛入地下室，把棺木一個一個打開，心滿意足地欣賞「收集」的屍體，聽起來真令人毛骨悚然。

✠ 弗贊——膜拜惡靈的巴黎女巫

你聽說過弗贊這個名字嗎?她是法國「太陽王」路易十四時代知名的女巫師，丈夫是珠寶商，她擅長占星術和塔羅牌占卜。弗贊經常在家中大宴賓客，招待巴黎市內的貴族和富豪，或是提供煩惱的貴婦命理上的諮商服務。

其實豪華的客房內暗藏著製造毒藥、春藥、墮胎藥的實驗室，有的房間裡設有大型爐灶，經常有惡臭難聞的燻煙不斷往上飄升。

弗贊受懷有私生子的私通婦女央求墮胎，據說就是在此將胎兒燒死的，也有一說是生下的嬰兒當成黑彌撒的祭品。據說十年之間，有多達二千名以上的嬰兒在此被終結生命。

弗贊賣墮胎藥、毒藥、春藥給上門的貴婦。有些女人跟她求助:「丈夫外遇，幫我阻止」、「我想殺了丈夫，跟情人在一起」。為此她不知從何處弄來嬰兒舉行黑彌撒。

弗贊的罪行終於被人揭發。警察以參加黑彌撒、買賣毒藥的罪名將她逮捕，並從中破獲大規模的毒品交易秘密組織。這個大型組織橫跨義大利、英國、葡萄牙等國，主事者均為有名的貴族和富豪。

審理此案的是路易十四著名的「火刑法庭」，據說拷打逼供的手段恐怖驚人。

一六七九年起四年之間，相繼有四百人以上被警察逮捕，其中一百零四人被定罪，三十六人被判死刑。最後連重量級的女巫弗贊也被逮捕，接受嚴刑拷打。執行刑求的人把犯人的腳放進長靴，鞋底塞有木楔，讓犯人的腳骨碎裂痛不欲生，最後用木槌把腳趾甲敲碎，手段十分殘酷。

弗贊忍受不了酷刑的折磨，坦承自己的罪行。眾人聽到她的自白，嚇得全身顫慄不已。沒有人料想得到，流傳自中世紀的「惡魔禮拜」竟然在巴黎活生生地上演。

審理此案時，連路易十四的寵妾等王室成員的名字也出現在涉嫌名單中。蒙特斯邦夫人為了擠掉路易國王的愛妾露易絲·巴里耶以取代她的地位，因此拜訪毒藥專家弗贊，為了咒死露易絲而進行黑彌撒。

蒙特斯邦夫人以為如此一來，國王便非她莫屬。但是路易國王對步入中年的她感到厭倦，開始用情不專。蒙特斯邦夫人想把情敵連同國王一起除掉，便找弗贊商量。

弗贊建議把毒藥塗在請願書上，然後送給國王。沒想到還未付諸行動，警察的搜索行動已經開始，弗贊被逮捕。國王看到蒙特斯邦夫人竟然榜上有名，大吃一驚，他擔心自己的名譽受損，匆匆終止搜查行動。一七〇九年，他命人把火刑法庭的調查文件全部燒毀。

一六八〇年二月二十日，弗贊在古雷廣場上被處以火刑，活活燒死。她在火場上被鎖鍊捆綁，周圍堆滿了木柴，她口中大聲詛咒，想用法力把木柴弄散。但是木柴上被點燃的火引發熊熊烈火，有五、六次火舌撲向她的身體，她終於在猛烈的火燄中消失無蹤。

瑪蒂娜・丹美曼——分屍煮食

一九八四年二月二十七日，一名女性在西德門漢古拉巴哈市的公園內散步時，於杜鵑花叢中發現了異樣的東西。獲得通報的警察趕到現場時，發現塑膠袋裡裝著被支解的屍塊。屍體像是剛從冷凍庫裡拿出來，因為大部分的屍塊尚未解凍。從屍體的切片檢驗出男性的生殖器，推論死者是男性。

死者的頭部和雙手都有燒傷的痕跡，屍肉由利刃深入至骨頭削下。估計共有四十四塊屍塊，法醫一個一個拼接，推論死者身高約一百八十五公分，體重八十一公斤，年齡介於三十二至三十七歲之間。

警方再根據指紋查出死者是三十三歲的美容師，名叫漢斯・約瑟夫・比茲。警察立刻趕至他的公寓，出來應門的是年輕女屋主瑪蒂娜・丹美曼。她說自從比茲一年前出門後她就再也沒有看到他了。

警察找到了比茲工作的美容院。店主說，前年四月，比茲一連星期五和星期六兩天都沒來上班，他覺得奇怪於是打電話到他家詢問，得到的答案是他已經搬走了。百思不解的警方又再折回丹美曼女士的公寓，從附近的住家開始打聽，有人表示看到像是比茲的青年頻繁出入丹美曼女士的公寓。警方立刻傳訊丹美曼女士說明。

警方搜查丹美曼女士家的時候，發現冰箱的冷藏庫裡有煮過的人肉，上面還留有齒印，鑑識人員看了之後忍不住嘔吐。

鐵證如山，丹美曼女士百口莫辯。她據實說明案情，但是堅稱並未殺人。「我們兩人相愛，但這種關係在孩子面前無法再繼續。他說如果要分手，還不如把他殺了。」

丹美曼女士面不改色地道出原委：「漢斯是個很奇特的人。他赤裸進入浴室後，我敞開浴袍的前襟跟著進入。我把他的頭按住，壓進水裡，他的一隻手握著蘋果，因為這樣才會有高潮。他死的時候也要求我用同樣的方法。」

一九八三年四月二十九日傍晚，漢斯吞下五顆強效安眠藥。接著一股強烈的睡意襲來，他裸身走進浴室。丹美曼女士穿上浴袍，前襟敞開。她進入浴室後以布纏住漢斯的頭，然後用力按進水中，將他溺死。

分居的丈夫來訪時看見屍體，告訴她必須趁著屍體還沒腐敗發臭前放在冰箱裡保存，還借給她電鋸分屍。丹美曼女士在廚房用菜刀支解屍體，手法之殘忍連恐怖片都望塵莫及。

她把屍體放在長桌上，切成約手掌般大小，骨頭雖硬，用電鋸也鋸得斷。由於分解費時，屍體還沒放進冰箱就已經開始腐爛。

有一部分的屍肉拿來烹煮食用，臉和雙手的部分則用烤箱烤。她以為遇熱會縮小，於是打算將漢斯的臉留做紀念，沒料到臉肉整個下垂，跟生前的長相一點也不像，於是她將臉皮剝下來放在床邊，經常摸摸臉頰或是親吻。

法庭的氣氛異常沸騰。丹美曼女士在描述異常的罪行時，相繼有人覺得噁心而離席。

「他說沒有我會活不下去。我並不後悔。我奪走他的生命並非殺人而是愛他的表現。」

法庭聽了丹美曼女士的證言後似乎被她打動了。結果，她的罪名不是謀殺，而是「非蓄意殺人」。一九八五年十二月十八日，瑪蒂娜．丹美曼被判有期徒刑八年，刑責出奇地輕。

✠ 莎莉．波塔頓——為愛女復仇，活捉惡男讓其血流殆盡

莎莉．波塔頓是美國的一名護士，丈夫死後獨自撫養獨生女裴莉。裴莉從高一時便濃妝艷抹，喜歡夜遊，高二的時候跟男朋友離家出走。莎莉無時無刻不惦念著女兒，心想她不會一直墮落下去，總有一天回頭會。

裴莉的同居男友莫里斯帶她參加搖頭派對。搖滾樂隆隆作響，菸酒味彌漫整個會場。在昏黃的燈光下，男男女女脫衣在地毯上交媾。裴莉被某名赤裸的男子強拉到床上侵犯。

在酒精催化下，裴莉意識朦朧，被男人輪姦，又被注射迷幻藥……。原來這是早已染上毒癮的莫里斯一手所策畫。最初裴莉死命抵抗，但是她已經染上毒癮，不得不出賣肉體賺取購買毒品的費用。

裴莉繼續過著不堪的日子，後來懷了孕，莫里斯十分憤怒，於是對她拳打腳踢，暴力相向。裴莉被打得鼻青臉腫，口吐鮮血，她用手按住腹部，在房裡到處閃躲。最後，裴莉實在忍受不了

每天充滿暴力的生活，於是逃回母親莎莉的家中，有一天，她出現在玄關。

母親打開門一看大吃一驚。裴莉的衣服破爛不堪，身上沾滿泥巴和污垢，肚子隆起，整個人變了一個樣，不仔細端詳簡直認不出來。莎莉立刻帶她到浴室清洗，女兒全身傷痕累累，還有無數的注射痕跡，她立刻明白是怎麼回事了。莎莉煮了女兒愛吃的東西，要她把過去當作一場噩夢，全數忘掉。第二天早上，莎莉跟平時一樣出門上班。

莎莉下班回到家後，找不到女兒，只見桌上留有一封信：「我被玷污了。已經回不到以前美好的時光。是我毀了自己的一生，這個責任我自己承擔。」

第二天裴莉的屍體在克萊河被人發現，莎莉得知後趕到現場，整個人呆若木雞。寶貝女兒竟然就這樣……。莎莉的心中湧上一股對莫里斯的恨意。莎莉想起女兒曾告訴她莫里斯的住處，有時他會回來拿錢和食物。從裴莉屍體被發現的那一天起，莎莉就躲在莫里斯住家附近的陰暗處，等待莫里斯出現。

就這樣守候到第四天，在夜晚霧茫茫中遠方有人影出現，莎莉注意到那就是她恨之入骨的莫里斯。當他從身旁走過時，莎莉緊隨在後，手裡拿著手槍抵住莫里斯的背部：「你抵抗我就開槍。裴莉很想見你一面，她生病了。」

「好，我知道。伯母，不要假戲真做。」莫里斯就這樣背部被槍抵著走到莎莉的家中。莎莉請他進入女兒的房間，命令他躺在床上。莫里斯有不祥的預感，但也只好乖乖就範。下一秒鐘，他覺得手腕有刺痛的感覺，一下子就變得神志不清了。

等他醒來後，發覺四肢被捆綁在床鋪的四個腳上，手腕插有針筒，並用膠布固定。莎莉拿著某個器具進來，把導管接在手腕的針筒上。莫里斯看到自己的血從管子滴滴答答地流下，嚇了一大跳。「怎麼回事？裴莉在哪裡？」、「再這樣下去我就沒命了，就看不到裴莉了。」他覺得背脊一陣發涼。

「我女兒死了，都是你害的。我也要讓你嚐嚐同樣的滋味。」

莫里斯就這樣眼睜睜地看著自己的血逐漸被抽乾。數分鐘、數十分鐘過後，他的血靜靜地流著，顏色越來越鮮紅，瓶子裡的血越來越多。

「救命！伯母，快救救我！」莫里斯拚命大叫：「都是我不對，沒想到事情會變成這樣。請原諒我，伯母！」莫里斯說盡道歉的話，苦苦哀求，莎莉的臉上浮現邪惡的笑容，仍直盯著他的臉。

莎莉有時因莫里斯的哀求而動了惻隱之心，伸手想拔掉橡皮管，但很快地又把手抽回來，讓鮮血繼續流。令人屏息凝神的攻防戰持續著，天快亮時，莫里斯的聲音與其說是哀號，不如說是意識不清的呻吟。莎莉疲累地想著，一整晚莫里斯充分感受到死亡的恐懼，已經沒有能力思考了。

莎莉一言不語地看著莫里斯的臉，抓起他的手把脈。脈搏很弱，最後完全停止。莎莉冷冷地望著他鐵青的臉，恨恨地向他吐口水。

然後，她拿起電話報警：「這裡有一名男子被殺，兇手就是我，我不會逃，也不會躲起來，現在我要到我心愛的女兒身旁跟她作伴了。」

✠ 麥拉・辛杜雷——拷打少女，將哀號聲製成錄音帶

麥拉・辛杜雷和同夥伊恩・布萊迪被稱為「沼澤殺人犯」。他們對少女施以殘酷的拷打，甚至錄下被害人的哭叫聲。麥拉把少女殺害後埋入墓中，還站在墳墓上擺姿勢拍照留念。兩人把錄音帶和照片加以複製，觀看後還哈哈大笑；對他們而言，這麼恐怖的事是增加快感的方式。

一九四二年，麥拉出生於英國曼徹斯特，她長得高大結實，下顎寬厚，稱不上是美女。二十歲的時候她進入戈頓化學藥品批發商，擔任打字員一職，在這裡認識了業務員伊恩。伊恩穿著皮衣，騎著拉風的機車到處閒晃，一副不良少年的樣子，但麥拉卻對他十分著迷。其實伊恩從小個性凶殘，經常虐待動物並且有竊盜行為，已經多次出入少年觀護所。

兩人開始交往時，伊恩用機車載著頭染金髮、腳穿皮靴的麥拉穿梭各地。接著他買了相機，要麥拉全裸、穿著黑色絲襪搔首弄姿拍照，他將這類照片沖洗出來後販賣，賣得一張不剩。

接著他們想到誘拐孩童。兩人將車子停靠在市場附近，躲在車內尋找獵物。一有被他們看中的少年或少女，便假裝好心表示要送對方回家，之後用車載走。

這兩個人之所以被逮捕是因為他們所謂的「殺人演練」一案，遭到殺害的是少年艾邦斯。麥拉有一個同母異父的弟弟大衛・史密斯，她想吸收素行不良的大衛成為共犯。

麥拉以微不足道的理由在三更半夜的時候去找大衛，然後將他帶回自己家。大衛聽到另一個

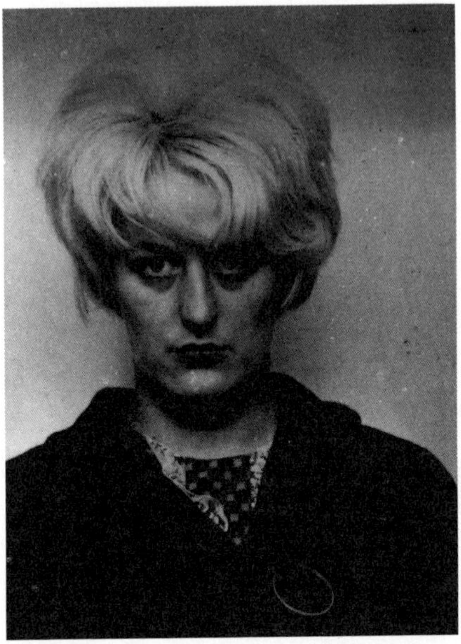

「沼澤殺人犯」麥拉・辛杜雷。她不但拷打少女，還將被害人的哀號聲製成錄音帶。

房間傳出淒厲的叫聲，於是拿著木棍衝進去。

映在他眼簾的竟是伊恩騎在一名又哭又叫的少年身上，瘋狂地用斧頭往下劈砍的殘酷景象。被害者是十七歲的艾邦斯，是某天伊恩和麥拉從賽馬場捕捉回來的獵物。

伊恩對著少年毫不留情地揮砍，最後慘叫聲逐漸變得微弱，少年的身體一動也不動。「終於掛了！」伊恩這麼說道，並且用電線纏繞少年的脖子。

麥拉和伊恩用拖把擦淨床上和牆壁上的血跡，大衛也默默在一旁協助。麥拉拿來一條床單，伊恩和大衛把屍體移到床單上。屍體暫放二樓，於第二天再用車子將屍體運走。

亢奮的麥拉把至今的殺人經驗一一說給大衛聽，講得津津有味。大衛盡力裝出若無其事的表情聆聽，直到清晨三點鐘才被釋放回家。

大衛一走出大門，立刻一路狂奔。他到家之後倒臥在床上，全身顫抖不已，一五一十地將事情的原委告訴妻子。天亮的時候，兩人迅速離開住處，在公用電話亭打電話報警。

上午八時，警方急忙到伊恩的家裡搜索，發現了用床單包裹的少年艾邦斯的屍體，兩人當場被逮捕。搜索過程中，從他的小貨車裡發現的筆記本上有伊恩的筆跡，詳細記錄拐騙、殺害、處理屍體等經過。

大衛同時告訴警方，兩人以前也曾殺人，屍體就埋在荒郊野外。警方從收押的相片中發現在野外拍攝的特寫照片，於是趕到該地挖掘。連日的搜索終於從地下挖出白骨，那是一九六四年十二月二十六日從跳蚤市場返家途中失蹤的少女蕾絲莉・安・道尼。

警方繼續搜索住宅，從書架的書內發現曼徹斯特中央車站行李寄放的憑據。從那裡拿到的兩個手提袋中找到九張看來像是少女蕾絲莉的照片，全裸的瘦弱身體擺出各種不同的姿勢，臉部是飽受驚嚇的表情。

警方繼而發現最重要的物證——少女蕾絲莉被迫裸身拍照、被施虐並且慘遭殺害的錄音帶。這個證據引起世人的憤怒，也使得此事件在司法史上留名。

錄音帶在法庭上播放時，法官、陪審團以及旁聽人，大家都受到莫大的衝擊。錄音帶裡，有少女乞求「不要脫我的衣服」、伊恩的命令等聲音，還有少女的懇求：「我不要光著身體，求求妳。」麥拉則威脅說：「閉嘴，不脫就打。」「不要這樣，阿姨。」接著是嘴巴塞著手帕的聲音、打孩子的聲音、喉嚨裡被塞異物引起的嘔吐聲、「手不放下來就砍斷妳的頭」的威脅聲、女孩哭泣的聲音等，全部原音重現。據說兩人這卷錄音帶拷貝，賣給SM迷。

一九六六年法官做出判決，伊恩因三起、麥拉因兩起的殺人罪被判無期徒刑，而此時英國已經完全廢除死刑。

✠ 貝拉．葛內斯——以財產為餌誘殺男子

有一天，全美各地的報紙刊載了這樣一則啟事：「某寡婦擁有大農場，希望能與富裕的紳士結婚。」刊載這則啟事的人是三十多歲的寡婦貝拉．葛內斯。

一八五九年，貝拉．葛內斯出生於挪威。十七歲時到了美國，嫁給索藍森，住在伊利諾州的鄉下，不久，丈夫便因病去世。貝拉在芝加哥租屋居住，有一天突然失火，房屋燒毀。她用保險理賠金買了一棟房子開設麵包店，後來也因為火災而燒毀。保險公司雖然對這麼湊巧覺得可疑？但也只能依法理賠。

後來貝拉搬到印地安納州的拉波，與一位名叫葛內斯的男人結婚，不久，葛內斯因為意外事件死亡。從櫃子上掉落的斧頭剛好擊中他的頭。這回貝拉又獲得一筆理賠金。

不久之後，貝拉便在報紙上刊登徵婚廣告。應徵者蜂擁而至，貝拉從其中挑選似乎並無其他

親戚和家人的男性回信。

「你是我理想的對象，我可以放心地把財產委託給你。我至少擁有兩萬美金的財產，請帶五百美金，再進一步深談。」

收到貝拉回信的男人立刻前來會面，可是沒有人看到他們走出來。就這樣，有不少人到貝拉的住處卻又無故失蹤。

來訪的男人都受到熱情的招待。貝拉親自下廚做佳餚，晚上也安排舒適的床鋪。她把門上鎖，由於牆壁是一般牆壁的幾倍厚，有完美的隔音效果。

貝拉趁著他們熟睡時，用斧頭劈他們的頭部，從他們的懷中取出現金後，再把屍體拖到庭院裡埋掉。遭到毒手的男人據說多達數十人。

一九〇八年，有一名叫做安德魯的男子的胞弟來信詢問：「許久沒有收到哥哥的來信，想知道哥哥是否安好。」安德魯是在五個月前離家來找貝拉。「會不會發生什麼事了呢？當時他跟我談完話之後離開就沒有再出現了。如果要尋找他的下落，即使到天涯海角我也願意陪同。」貝拉回信答覆。

其實，安德魯跟其他求婚者一樣，都被她的甜言蜜語誘惑，如今已被埋在庭院裡。

貝拉建議跟安德魯的弟弟一起尋找哥哥的蹤影，但是兩人後來並未見面。一九〇八年四月二十八日，貝拉的住處被人縱火，在燒毀的房屋殘骸中發現貝拉和她三名孩子的屍體。她農場雇用的男子朗費爾因縱火被逮捕。

根據警方的調查，朗費爾用斧頭將貝拉和三名孩子砍死，再放火燒毀房子。朗費爾供稱因為自己知道得太多，如果不先下手的話，總有一天會被殺害。根據他的證詞，警方花了數週在貝拉的庭院挖掘，發現近三十具屍體。其中也包括安德魯的屍體，令人不勝唏噓。

✠ 瑪格麗特·法米——遇到變態丈夫，婚姻美夢一場空

大英帝國引以為榮的薩佛依飯店（Savoy Hotel），長期以來都是世界各地王公貴族、大富豪等最愛投宿的一流飯店。事情是發生在一九二三年夏天的某個房間。就在風雨交加的夜裡，陣陣雷響中突然傳出三聲槍響。門房趕來時，發現埃及王子阿里·克麥·法米·倍倒在地上，已經沒有呼吸，旁邊站著的是瑪格麗特·法米，她手中拿著手槍，身著白色的睡袍站在血泊中，整個人呆若木雞。

第二天的報紙對此大為報導，將美麗的法米夫人塑造成無法忍受丈夫外遇而起殺機，有如悲劇的女主角一樣。

阿里·克麥·法米·倍王子從棉花大王的父親那兒得到約五百萬美金的鉅額財產。每逢遇到女人的問題，就用這筆錢來支付。

阿里在開羅的宴會上，遇到眼睛閃亮、體態動人的法國美女瑪格麗特·阿里倍爾。阿里想向她求婚，於是寫了封信給她，但是她遲遲未回覆。

他雖是世界級的富豪之子，瑪格麗特卻也過得並不差，她住在世界的花都巴黎，過著優雅的單身生活。阿里王子特別訂製勞斯萊斯，還贈予瑪格麗特卡迪亞的高級珠寶，但是她不會這麼輕易就心動。

每天都急著趕快結婚的阿里，一點也不在意瑪格麗特曾經離過婚、比阿里年長十歲。在阿里積極的攻勢下，瑪格麗特終於首肯。其實阿里的財產和家世非常吸引瑪格麗特。但是她深諳男人的心理，也就不會如此輕易便讓對方到手。

此後兩人到蔚藍海岸、西班牙觀光旅行，阿里讓她品嚐世界最高級的奢華滋味。

阿里王子帶瑪格麗特到開羅自家住宅的宮殿參觀，提供她賽爾比亞國王的房間。瑪格麗特的身邊派有兩名身穿制服、威風凜凜的隨從。

一九二二年十二月二十六日，盛大的結婚典禮在開羅的宮殿舉行，之後兩人搭乘豪華郵輪到發現法老王圖坦卡門之墓的路克索蜜月旅行。

然而，瑪格麗特的婚姻美夢逐漸粉碎。第一個問題是阿里的異常性行為——他喜歡肛交；最令人不可思議的是，他帶她到藏有埃及歷代國王墓穴的帝王谷，將棺蓋掀開，要她閉上眼睛睡在棺木內，替她拍照。瑪格麗特心想，會不會哪一天，她自己就這樣被殺死。

有一次，瑪格麗特獨自一人到城裡購物，回到家後被阿里拳打腳踢一番。血從額頭流下，一直到下巴都有傷口。對她而言，開羅的宮殿簡直跟牢獄一樣。

阿里突然說想出門旅行，於是帶著妻子、秘書和僕人往倫敦出發。上述案件就是在這時發生的。當天晚上，兩人坐在飯店大廳的沙發椅上，聆聽管弦樂團的演奏。忍不住想跳舞的阿里一直纏著瑪格麗特想邀她共舞。瑪格麗特不從，兩人開始大吵。

看到情形不對的樂團指揮上前詢問是否需要協助，她用法語回答：「今天晚上我的丈夫要殺我，我沒心情聽音樂。」指揮回答：「您愛說笑，希望明天又能看到心情愉快的夫人。」

雷聲大作之際，阿里王子倒臥在門邊，法米夫人衣服上濺滿血滴，手裡拿著手槍。她看到急忙趕來的飯店經理，哭泣著說自己沒有殺死親夫的意思。

根據醫生調查的結果，瑪格麗特的脖子上有抓傷的痕跡，推論當阿里襲擊她的瞬間，子彈從手槍射出，第一顆子彈在阿里手臂往上舉時射穿他的手腕。

一時之間，法米夫人聲名大噪。審判前，大批群眾連夜排隊準備入席聽審。她身著皮草外套、頭戴淑女帽出席，用細弱的聲音說：「我是無辜的。」旁聽席上的人都紛紛探出身子想要一睹她的風采。

檢察官指出法米夫人過去複雜的男女關係。出身貧窮但貌美的她，從十六歲開始就靠男人的接濟度日。上門的恩客多為到法國來的外國富豪，例如不動產老闆、企業家、商店經營者、墨西哥礦主的兒子、前土耳其大使、埃及將軍等，這些人在瑪格麗特遇到阿里王子之前都曾經跟她交往。

她哭哭啼啼地描述當天的情況：「吵架的時候，阿里破口大罵說要把我殺了。我一時失神，扣下扳機。待我察覺的時候，發現丈夫已經倒在我面前。」

擔任辯護律師的霍爾，巧妙地替她辯護。妻子對阿里的異常行為不加理會，阿里一怒之下毆打瑪格麗特，他的暴力行為與日俱增，她每天都活在恐怖的陰影之中。她犯了重大的錯誤，也就是不該選擇一個東方人做丈夫，這就是身為西方女人所犯的錯誤，因為東、西方對待女性的方法截然不同。

接著，霍爾面對陪審團，請他們注意案發當晚正巧響起恐怖的雷聲。

「對於婚姻生活充滿陰影與恐怖的婦女來說，雷聲會有雪上加霜的效果。在此之前，該女已經被丈夫毆打和辱罵，正當他偷襲她的時候，她反射動作拿槍瞄準他，在毫無心理準備的情況下射出子彈。」

接著律師面向陪審團，舉起手槍，戲劇性地傳來一聲雷鳴，手槍應聲落地。就在這一瞬間，一道光線射進法庭，律師面對著光，高舉單手，高聲說：「請各位高抬貴手，將這位西方女性帶回偉大的西方之光。」

檢察官提醒殺人者是法米夫人而非她的亡夫，但是陪審團不為所動。開庭僅花了一個小時，最後宣判無罪。頓時響起了如雷的掌聲，法官不得不命令旁聽席的民眾退出法庭。

事實上，要說瑪格麗特並非蓄意殺人也不正確。在飯店大廳發生的事、射擊手法的熟練，以及在附近的門房證明夫妻倆發生爭吵等一切，都令人懷疑是事先預謀的。

瑪格麗特被無罪釋放之後返回法國，律師等人則在開羅的法院展開遺孀爭取遺產繼承權的大戰。經過六年的財產權之爭，瑪格麗特最後敗訴。開羅的法院判定槍殺丈夫的瑪格麗特並無繼承亡夫財產的權利。估計當時的遺產約有七百萬美金，最後並未落入瑪格麗特的口袋……。

雖說如此，但是將英國帶至日不落帝國的伊莉莎白一世女王竟然也有如此不為人知的一面，令人覺得頗為意外。

專職腳底搔癢的女官

對女人而言，腳部是重要的性感帶，腳底尤其敏感。在古希臘羅馬時代，腳底搔癢是引起性欲的前戲之一，經常被拿來使用。俄羅斯的安娜．伊娃諾布納女皇（1693-1740）尤其愛好此道。

安娜．伊娃諾布納在宮廷中養有大批專門搔癢腳底的宮女。《俄羅斯風俗史》一書中如此記載：「在俄羅斯女皇的宮廷中有許多擔任公職負責搔癢的女人。這些女奴的唯一職務就是替女主人搔癢，引發女主人的性欲。

由安娜．伊娃諾布納女皇所創設的職務，已經晉升到宮廷的公職。女皇駕崩後，其女安娜．李奧波特福納寢室裡就設有六名以上的搔腳女官。

這些女官忙著給她快感，一邊搔她的腳底，一邊講猥褻的話和唱歌。無獨有偶地，英國伊莉莎白一世女王的閨房中，也有大批專門搔癢的女人。她們每天晚上都舔著女王的腳，替她搔癢……。」

俄羅斯的這種性風俗是承自韃靼民族。腳底搔癢可以讓全身獲得快感，是替代性行為的一種方式，有時甚至可以獲得高潮。

第十四章

現代壞女人

✠ 艾娃・裴隆——毫不猶豫地出賣肉體

跟古人相比，現代人的氣度較小，有趣的人也越來越少，但是小壞的惡女倒是比比皆是。例如吊男人的胃口、故意讓他覺得有希望；虐待婆婆、把丈夫當作沒出息的廢物……。像這種壞女人倒是不少。

或許這是平等主義的產物。正因為有追逐名利和權力的男人，才會有玩弄男人、搶奪男人的壞女人。沒有壞女人的時代，就等於是沒有文化的時代。

這麼說來，跟以前的社會比起來，現代社會的確鮮少出現壞女人。如果真要在現代社會找出實力派的壞女人，非以下的女性莫屬。

首先登場的是因音樂劇《艾薇塔》（*Evita*）而聲名大噪的艾娃・裴隆（Eva Peron）。貧苦家庭私生女出身的艾娃，後來翻身成為阿根廷的第一夫人。其實，她有截然不同的兩面；一面是拯救阿根廷窮人的女英雄，另一面則是擁有十五輛特製跑車和上千件豪華服飾的灰姑娘。

艾娃出生於阿根廷的鄉下地方，從小就夢想有一天能成為有錢的名人。一九三四年，她十五歲那年，隻身離家來到首都布宜諾斯艾利斯。由於搭上某男明星，她有機會在電影中演出配角。

艾娃闖出名號的關鍵在於結識當時的有權者。她為了能親近上流人士和富豪，毫不吝惜出賣自己的肉體。一九四四年，她在演藝圈震災救援大會上邂逅了英俊瀟灑且軍權在握的胡安・多明哥·裴隆（Juan Domingo Peron）上校，兩人立刻墜入情網。

裴隆官拜陸軍副總司令，是在政界勢力凌駕總統之上的實力派人士。獲得超強後盾的艾娃不久便成為電影和廣播節目主持界的女王。然而艾娃的野心並不止於此，她心中所想的是幫裴隆贏得政權，然後嫁給他成為阿根廷的第一夫人，這才是她最大的野心，而且她是一個不達目的絕不罷休的女人。

艾娃從佔阿根廷人口六成的貧窮的「無產階級者」下手。她向裴隆獻計，建議他把形象塑造為下層階級勞動者的領袖，她則在自己主持的電台節目大肆宣導裴隆是勞工階級的救星。兩人並且連袂出現在貧民窟，傾聽勞工的心聲。

不久之後，裴隆成為勞工部和衛生福利部的部長，為勞工展開各種改革措施，包括農民最低工資租金保證、確保最起碼的生活條件、提高工廠勞工的薪資，以及保護勞工免於雇主無理解雇等。

與有錢階級關係深厚的有權者，並不認同裴隆的所作所為。一九四五年，第二次世界大戰結束，裴隆的支持者納粹德國失勢，裴隆以「涉嫌獲得納粹支持而與美國關係惡化」的罪名被逮捕。

而艾娃真正的活躍則從此刻開始，她大規模集結軍方與工會中裴隆的支持者示威遊行、包圍監禁裴隆的醫院。

在這種情勢下，放任不理的話一定會演變成暴動，政府只好釋放裴隆。恢復自由身的裴隆感動落淚，在廣大民眾之前大聲疾呼：「各位無產階級的朋友們，我打從心底擁抱各位！」

從此，裴隆成為貧窮勞工階級的英雄。第二天，裴隆與艾娃正式舉行婚禮。第二年，裴隆就任總統。艾娃終於成為總統夫人，但也顯露出她個性鮮明的兩種面貌。她穿著貂皮大衣，在貧民窟分配捐贈的舊衣，戴著鑽戒的手則拋出玩具給孩子們玩耍。

艾娃為中下階級盡心盡力。她興建養老院和醫院，創設著名的「艾娃．裴隆財團」；一九四九年成立「婦女裴隆黨」，成功樹立阿根廷婦女參政的典範。

然而另一方面，她對反對陣營的人則是不擇手段大肆驅逐。艾娃為了鞏固樁腳，把自己的親戚一一安置在政府部門擔任要職；強制要求企業捐給艾娃．裴隆財團鉅額獻金，不從的企業則壓迫使其倒閉；假借財團名義所募集的資金，全用來中飽私囊。

到了一九五〇年時，阿根廷終於出現經濟危機，兩人的威望直落，此時挽救他們的是艾娃的絕症。年紀不過剛過三十的艾娃，罹患了子宮癌。

為癌症纏身的艾娃依舊出現在媒體上，呼籲民眾支持裴隆。她沉重的呼籲感動了大眾，道路角落放置聖壇，民眾紛紛輸血捐助。

裴隆的人氣比以前更為高漲，順利蟬聯總統寶座。一九五二年，艾娃結束了三十三歲短暫的生命。阿根廷政府計畫在全國各地興建艾娃的紀念碑，但始終沒有完成，因為一九五五年通貨膨脹嚴重，裴隆政權垮台。

險些喪命的裴隆流亡至西班牙，懇求當權者羅納地將軍將其妻子的遺體送至西班牙，將軍不但拒絕他的要求，並且公開他們夫妻兩人的隱私，包括十五輛特製的跑車、二百五十輛機車、存放一千萬美金現款的保險櫃等，目的在於使裴隆夫妻的信用蕩然無存。

風水輪流轉，一九七三年，裴隆結束長期的海外流亡生涯，獲得許可返回阿根廷。一九七四年，裴隆再度當選總統，同年突然死亡，由妻子伊莎貝爾接任總統寶座。伊莎貝爾把艾娃的遺體移到總統官邸放置在裴隆棺木邊，列隊瞻仰遺容的數千民眾，一邊流淚一邊向躺在靈車中的「聖艾薇塔」獻花致意。據說艾娃奇蹟似地與二十年前一模一樣，仍是那麼年輕美麗。

✠ 江青——統御十億蒼生的女帝

說到現代惡女，中國文化大革命的主謀之一江青的罪行讓許多人毛骨悚然。一九六〇年代後半期的文化大革命，至今仍令人記憶猶新，小紅衛兵在手臂繫上紅布，高喊：「叛國賊！」「壞人槍斃！」成群結隊在全國搞破壞，被攻擊的對象紛紛遭到私刑。

在文化大革命中喪生的人多達二千萬，被害人數則多達六億，經濟的損失更高達五千億元。其他如對國家所造成的傷害、文化的破壞，則無法估算。江青是毛澤東發動文化大革命的左右手，地位如同女皇，控制著十億人口。

一九一四年，江青出生於山東鄉下，十四歲離家進入劇團，十九歲時立志成為女演員，到上海求發展。她以「藍蘋」為藝名加入無產階級的劇團，舞台表演頗為成功，與當時紅極一時的電影評論家唐納相戀，一躍成為紅牌女星。

一九三七年中日戰爭爆發，二十三歲的江青從日軍佔領的上海逃到共產黨的大本營延安。當時中國共產黨最高領導毛澤東在魯迅藝術學院演講，他正逢四十五歲壯年，身邊出入的女子不斷，他注意到氣質不凡的藍蘋，將她改名江青，娶為妻室。

出身卑微的江青，並不被人稱為「毛澤東夫人」，而是「江青同志」。她擔任毛澤東的生活秘書，被禁止出任共產黨相關職務，她默默接受如此屈辱的條件。

一九四九年，共產黨趕走國民黨，成立中華人民共和國，領導者毛澤東成為中國的巨星，獲得全世界的矚目。然而江青因為約定之故，雖然貴為中國第一夫人，卻無法參與任何政治活動，看到其他幹部夫人活躍在國際舞台，只能暗自嘆息。

江青的不滿終於爆發，一九六六年，為了奪取國家主席劉少奇的權力而引起文化大革命。江青登上殘酷的表演舞台，成為集合百萬紅衛兵的發號者，以及毛澤東的幫手，令人印象深刻。

江青在文革中，使國家主席劉少奇與副主席林彪等共黨幹部相繼失勢，成為令人恐懼的一代女皇，如此下去她將架空毛澤東而獨攬大權。毛澤東向幹部透露：「江青想自己當主席。」但他旁邊還有比江青更年輕貌美的「生活秘書」。

結果江青掌握的權力並不持久。一九七六年九月，毛澤東去世，一個月後的十月六日深夜，華國鋒發動政變，江青被八三四一部隊襲擊、逮捕。

四年後舉行公開審判，江青以「顛覆國家」、「反革命」、「殺害黨與國家領導」等罪名被起訴。三十五位法官與六百人列席旁聽，江青以「判我有罪就是判毛主席有罪」為由否認一切罪名，她大聲反駁：「各位把一切罪名栽在我頭上，我不過是中國共產黨的一名幹部而已，判我有罪就是判毛主席有罪。」

共產黨把毛主席的過錯完全嫁禍給四人幫，江青只是依照毛主席的指示行動而已。審判在混亂中結束，兩名警衛把江青從法院帶走，江青在法官後面大叫：「造反有理！打倒鄧小平率領的走資派集團！」

最後，江青被判死刑，緩刑兩年。鄧小平擔心若判江青死刑，會激怒毛澤東的支持者和極左派份子引起反彈，說不定會犧牲江青發動叛變。

後來江青因病獲保釋住在北京家中，一九九一年五月十四日，自殺身亡。中共當局對她的死刻意隱瞞，延遲二十日才發布死訊。獲知江青自殺的中共政府不知所措，緊急召集少數幹部商討今後對策，決定把江青的自殺視為機密處置。江青的死，對中國政府而言具有重大意義。

愛蓮娜・查瓦西斯科——權傾一時的獨裁者之妻

一九八九年，在羅馬尼亞民主革命中喪生的查瓦西斯科總統的妻子愛蓮娜・查瓦西斯科，與菲律賓的伊美黛、中國的江青並稱現代三大惡女。

一九八九年十二月，羅馬尼亞爆發民主革命，查瓦西斯科總統夫妻被槍殺，士兵佔領了查瓦西斯科在布卡雷斯的官邸，進屋一看，眼前盡是豪華的黃金浴室、昂貴的皮草，以及一堆鑲嵌鑽石的鞋子。

愛蓮娜出身羅馬尼亞的農家，原是一名織布女工，與曾是共產黨員的尼古拉．查瓦西斯科結婚後，在國立科學研究所擔任雜役。

隨著丈夫查瓦西斯科在黨內出頭，愛蓮娜也掌握實權，她暗殺黨內實力派人士，或揭露性醜聞使對手失勢，最後她成為獨裁者，掌握旁人難以企及的權勢。愛蓮娜在瑞士銀行有高達相當於日幣五百六十億圓的秘密存款，其居住的豪宅有純金打造的浴室，此外，游泳池、網球場、健身俱樂部等設施一應俱全。

愛蓮娜對外自稱是化學博士，然而民間卻盛傳「她除了CO_2以外，什麼都不知道」。後來她小學三年級時的成績單曝光，據說滿分十分的評價中，十個科目中有八科是五分以下，難怪備註欄上註明「留級」。

不管如何，愛蓮娜還是成為一人之下的全國副首相。她安排自己的兒子、兄弟等親戚擔任政府要職。其中次子尼克濫用父母的權力，將「體操之花」柯瑪芮琪納為妾，他借用餐廳演奏交響樂，命令情人裸體跳舞，行為十分乖張。

曾經有一回，尼克想與某女結婚，母親愛蓮娜反對，趁著尼克出門旅行時，陷害他的女友，拍攝她與其他男人偷情的畫面。這件事由警備隊執行，女帝愛蓮娜的厲害可見一斑。

查瓦西斯科夫妻認為向外舉債是國家的恥辱，為了清償債務寧可犧牲百姓的生活。為使經濟復甦，愛蓮娜主張增加人口，禁止避孕和墮胎，對沒有小孩的夫妻徵收特別稅，未生小孩的婦女則強制每月做婦科檢查。

為了節省電費，一般家庭只能使用一枚四十瓦的電燈泡，即使零度以下的隆冬也禁止使用暖氣，入夜後一片漆黑。此外，雞蛋、乳瑪琳和麵包等食物採取配給制。打字機必須登記字體的特徵，如此一來，批評政府的傳單印刷時立刻可以查出來源。一九八〇年代初期的上百億美元負債，到了一九八九年便清償完畢。

一九八九年十二月，查瓦西斯科總統外出時，迪米修拉爆發民主運動，大權在握的愛蓮娜動員治安部隊向示威隊伍發射大砲，武裝直升機從上空發動射擊，五千名男女慘遭屠殺。

當時查瓦西斯科總統罹患癌症，愛蓮娜一手掌握查瓦西斯科王朝實權，成為人人畏懼的女皇。

然而民主運動風起雲湧，規模擴大。十二月二十五日，總統夫婦在布卡雷斯特西北方遭到逮捕，雙雙被綁赴刑場。

「孩子們，我可是你們的母親，你們竟然殺害母親？」當時已是七十歲高齡的愛蓮娜，在最後關頭仍作垂死掙扎。

「妳是我們的母親，可是殺害我們親生母親的罪魁禍首就是妳！」

士兵之中有人這麼回答，充滿恨意的槍聲頓時響起。根據現場人士的說法，兩人想逃離刑場，但是總統被追到走投無路時被槍殺，愛蓮娜則是背後中彈身亡。

✠ 黛安娜王妃——「能住在皇宮該有多好！」

說到野心家，黛安娜王妃也不是省油的燈。結婚之初，她是一副田園少女的清純面貌，但內心卻藏有外觀所無法想像的野心。

黛安娜生於一九六一年，是史賓沙伯爵夫婦的第三個女兒。她的娘家在英國也是名門貴族，家族中曾有人擔任上議院顧問、海軍總司令等公職。然而黛安娜的少女時代並不幸福，六歲時母親與愛人私奔，離家出走。父母離異對下一代造成心靈上深刻的傷痕，此後黛安娜便一直為厭食症所苦惱。

黛安娜的大姐珍在一九七八年嫁給女王的土地管理人之子費羅茲。當時，黛安娜在倫敦的幼稚園兼職老師，一邊到烹飪教室與舞蹈學校學習，過著優雅而快樂的單身女郎生活。

第二年，十七歲的黛安娜拜訪住在桑多利城的姐姐，深深被皇家的豪華生活吸引，脫口說出：「能住在皇宮該有多好！」從那時開始，她就胸懷有朝一日要嫁入皇室的野心。

第二年，機會終於來臨。姐姐珍喜獲麟兒，查爾斯王子招待黛安娜到巴摩拉城堡一遊。此時黛安娜想盡辦法追求他，而正巧手中有賽艇的入場券。

從此只要是查爾斯王子去的地方，一定看得到黛安娜的身影。查爾斯玩衝浪，黛安娜也跟在身邊。她在周圍迴繞，刻意展現自己的泳技和穿著泳裝的胴體，卯勁想讓查爾斯為自己的魅力所

黛安娜王妃是近代最厲害的惡女嗎？

傾倒。

經過一番努力，查爾斯與黛安娜開始交往。黛安娜接到查爾斯的電話時，表現出無所謂的模樣，接連兩天都刻意不回電，欲擒故縱使對方坐立難安，終於查爾斯為她魂不守舍。查爾斯在葛羅斯塔下購買房屋，當作與黛安娜秘密約會的場所。

一九八〇年九月，黛安娜的幸運之神降臨，《太陽報》大肆報導兩人的羅曼史，媒體連續數日窮追不捨，甚至連黛安娜從玄關出現時，也被記者團團圍住，要求採訪。

此時黛安娜用不同的角度思考。媒體如果把她塑造成王妃的適合人選，那麼對於婚事還舉棋不定的查爾斯王子便會不得不從。

此策略果然奏效，命運女神向黛安娜

揮手微笑。《鏡報》的頭版刊載查爾斯與黛安娜的約會照片，媒體把平凡的女子捧成超級巨星，大多數的英國人都支持兩人的婚事。迫於民情，查爾斯終於向黛安娜求婚，他也強烈希望自己的結婚對象是全國人民所支持的女性。

一九八一年七月二十九日結婚當天，世界各地的人都收看電視轉播。黛安娜穿著一襲純白的結婚禮服，坐在馬車上揮手致意，笑容可掬。兩人開始度蜜月，但是不久便傳出相處不睦的消息。

夫妻倆的裂痕加深，主要是由於查爾斯與昔日愛人卡蜜拉的戀情。黛安娜很偶然地發現查爾斯為卡蜜拉買了一條手鐲，知道兩人在查爾斯婚後仍然藕斷絲連。

從此以後，黛安娜的厭食症再度發作。查爾斯與黛安娜兩人畢竟個性不合——幼年時期留下創傷的黛安娜原本期望的對象是具有包容力的男性，查爾斯卻是個性謹慎的神經質男人。兩人婚後爭吵不斷，黛安娜甚至變得歇斯底里。

一九八三年，黛安娜以王妃的身分開始海外訪問，所到之處莫不引起旋風，這也成為兩人不合的導火線之一。看到妻子廣受歡迎，自己卻被忽視，查爾斯覺得自尊心受到傷害。

夫妻不合的傳聞傳出後，黛安娜也與不同的男性交往，包括陸軍軍官馬術教練休伊特（James Hewitt）上校、銀行家菲力普丹、詹姆斯軍官、橄欖球選手威爾卡林等人。

描寫兩人婚姻生活的書籍陸續出版，伊莉莎白女王認為黛安娜有辱英國王室權威而感到憤怒。夫妻倆後來演變到分居，更是醜聞不斷，越演越烈。離婚官司開打時，黛安娜以強硬的態度對英國王室提出苛刻的條件，其中包括承認兩人所生的小王子親屬權、保障王室地位、每年給予約一百億日幣的金額作為贊助福利事業、依照自己的希望贈予城堡……。

其實黛安娜的目的是要擁有與白金漢宮分廷抗禮的王宮，成為自己王國的女王。她最後並要求仍屬王室的一員，結果王妃的稱號與王室的身分被剝奪。一九九六年，兩人公開宣布正式離婚，曾是王妃的黛安娜如今脫胎換骨，追求新的人生。

第二年夏天，有人目擊她在地中海薩丁尼亞島與一名男性遊玩，該名男子是擁有倫敦哈洛德百貨公司與巴黎麗池飯店的阿拉伯大富翁的繼承人多迪・法伊德（Dodi Fayed）。原來他就是黛安娜的新戀人，全球媒體立刻蜂湧而至。

八月三十一日深夜，發生了令人扼腕的車禍事件。黛安娜所乘坐的賓士車為了擺脫狗仔隊的追蹤，以時速九十公里的速度奔馳。車子激烈衝撞隧道內的水泥柱，黛安娜與旁邊的情人以及司機全部罹難。

飽受世人關注與羨慕的黛安娜王妃，瞬間香消玉殞。紅顏果真薄命，黛安娜結束了三十六歲的短暫人生，然而像她如此勇敢向前的女性，世間少有。

的身心煥然一新，充滿朝氣。

倒是陪睡的處女一旦這樣的工作持續兩、三年之久，便會身心俱疲，年紀好像突然增長不少，這是因為精氣完全被吸走的緣故。

長青沙龍

老人為了恢復衰老的體力，讓年輕的處女睡在一旁，這是一種回春術。根據記載，古代猶太國王達彼德就是召喚年輕處女睡在旁邊為他取暖。

回春術最盛行的時候莫過於十八世紀末的巴黎。當時老人為了重振疲弱不振的性欲，習慣找年輕的處女共眠。

於是巴黎某妓院想出這種回春奇招，據說在有錢有閒的老人之中蔚為風潮。妓院擁有約四十名無男性經驗的處女，恩客都是富有的年老紳士。

到此沙龍的男客首先進入澡堂全身按摩，之後裸身睡在豪華的雙人床上。然而為了避免重要部位出現奇怪的感覺，所以特別加蓋堅固的套子。

老翁的兩側躺著兩位年約十四、五歲全身赤裸的處女為他取暖保溫。甚至為了保持處女的精力，經常會幫她們施打麻醉藥或強壯劑。

老人兩旁就這麼由處女伴著度過約莫一個星期的時間，陪睡的處女每兩天更換一次。每當換了不同的處女就會帶來新鮮的氣息，老人

後記

看了一個又一個驚世駭俗的惡女故事，各位有何感想？或許有人會說：「煩死了，有完沒完，守守婦道吧！」或許也有人看法不同：「真的有這樣的女人嗎？真是過癮！作風這麼大膽，為所欲為，看了心情真爽快。」

為什麼西歐社會出現如此多的惡女，像雨後春筍般接續不斷？有人會百思不解。當然，日本也有如日野富子、淀君等所謂的惡女，但格局畢竟是小巫見大巫。

從歷史來看，跟日本相較之下，西歐的確比較重視女性，「宮廷愛」或「騎士精神」就是證明。中世紀的歐洲，男主人出門作戰，騎士對於女主人有如女神般崇拜、侍奉，此習俗後來演變成今天的「女士優先」禮儀。

十七、八世紀的波旁王朝，國王的寵妾在政治與文化方面扮演非常重要的角色。國王迎接新的寵妾時會舉行盛大儀式，從此寵妾的地位獲得認同，擁有連皇后都難以匹敵的權勢。所謂的寵妾，並非只是國王的性愛對象而已，甚至必須接見各國大使、參與國政，因此相當程度需要洞悉他人心理和具備政治手腕，否則根本無法擔任此重責大任。

法國十七、八世紀時，號稱「太陽王」的路易十四對女性十分尊重，例如見到女性時，即使對方身分卑微，他也會特地下馬打招呼。路易十四的時代，法蘭西是稱霸西歐的大國，藝術、文化、建築等風行世界。也拜路易十四之賜，優美而具女性特質的宮廷文化得以百花齊放。

之後，深具強烈美學意識的時尚領導者如瑪麗・安東奈特皇后等人，使宮廷文化繼續開花結果。當時不僅在宮廷，法蘭西各地的貴族或是資本家的住所紛紛舉辦「沙龍」，女性風格的文化燦爛耀眼。

不僅是貴族，有名的作家或藝術家也出入沙龍，彼此以平等的地位交談。沙龍成為法國十七、八世紀孕育知性生活的場所，獨挑大樑的女性熱愛優雅而富機智的對話，法語因而變得更為洗練、雋永。

另一方面，以前的日本男人可恣意風流，卻不允許女人用情不專。西歐的未婚女性並不自由，婚後則全然不同。當時的上流階級，夫妻雙方各自擁有情人，彼此睜一隻眼閉一隻眼，互不干涉。舉辦宴會招待已婚婦女時，會連同她的情夫也暗中邀約，招待的主人顧慮得十分周到。

至於日本的婚姻，與其說是男與女的結合，不如說是家族的結合，「結婚」不過是成家立業、繁衍子孫的手段而已。由父母、親戚、上司等幫忙尋找對象的情形，要比自己選擇結婚對象還要常見。因此日本夫妻婚後不久便成為朋友關係，孩子出生後互相以「爸爸、媽媽」稱呼，性關係變得很淡薄。丈夫在外尋求滿足性愛需求，妻子則欲求不滿地在家發牢騷，這種情形屢見不鮮。

就這點而言，西歐的夫妻不會互相稱呼「爸爸、媽媽」，而是用名字或是「親愛的」、「達令」相稱，夫妻之間也保持親密關係。此外，由於擔心另一半會被別人搶走，也為了不被對方拋棄，男女雙方莫不努力使自己更具魅力。

但是在日本，女人在他人面前常被要求善盡為人妻、為人母的責任。如此一來，被壓得喘不過氣，因此會變得欲求不滿也並非毫無道理。

此外，日本男性往往不認為男女結合的重要性值得賭上自己的全部。經常因為周遭的人太過囉唆，自己才想要有安定的生活，於是草率完成婚姻大事，這樣的人其實不算少。相形之下，對西歐的男人而言，尋找另一半共度一生是人生最重要的大事。

實際上，男人對女人因為不了解而心生恐懼，為了掩飾害怕，繼而擺出瞧不起女人的樣子。例如他們會說：「女人容易歇斯底里，是情緒化的動物。」聽起來自以為是優於女性的生物，然而從女人的角度來看則完全相反。女人的本質是有如土地或大海般的生命體，是男人汲取生命養分的活水源頭。男人凡事強調理性歸納，否則心有不甘。但是女人卻始終老神在在，具有頑強的生命力與包容力。

為什麼西歐社會出現一個又一個充滿活力的惡女，想必讀者已經找到答案了。

附録　主要参考文献

酒井傳六「古代女王ものがたり」文藝春秋
永井路子「歴史をさわがせた女たち　外国篇」文藝春秋
加瀬俊一「王冠と恋」文藝春秋
ロータル・マハタン「ヒトラーの秘密の生活」文藝春秋
遠藤周作「王妃マリー・アントワネット　上下」新潮社
ホイットニー・チャドウィック他「カップルをめぐる13の物語　上下」平凡社
ポール・ラリヴァイユ「ルネサンスの高級娼婦」平凡社
湯原かの子「カミーユ・クローデル」朝日新聞社
高階秀爾「世紀末の美神たち」集英社
フランク・ジョーンズ「女性殺人者たち」青弓社
サイモン・シャーマ「フランス革命の主役たち　上下」中央公論社
マッシモ・グリッランディ「マタハリ」中央公論社
ギー・ブルトン「フランスの歴史をつくった女たち　全巻」中央公論社
藤原宰太郎「死の名場面」KKベストセラーズ
どうまんさぶろう「ベールの中の世界史探訪」KKベストセラーズ
マックス・フォン・ベーン「ロココの世界」三修社
キャロリー・エリクソン「アン・ブリンの生涯」芸立出版
アレクサンダー・クライン「だましの快楽」秀英書房
ジョン・ダニング「奇怪な殺人」中央アート出版社
ジョン・ダニング「冷血殺人」中央アート出版社
飯塚信雄「デュ・バリー伯爵夫人と王妃マリ・アントワネット」文化出版局
飯塚信雄「ポンパドゥール侯爵夫人」文化出版局
秦早穂子「不滅の女たち」文化出版局
カール・シファキス「詐欺とペテンの大百科」青土社
アラン・ドゥコー「フランス女性の歴史　全巻」大修館書店
川田靖子「十七世紀フランスのサロン」大修館書店
森下賢一「英国王室愛欲史話」徳間書店
アラン・モネスティエ「世界犯罪者列伝」JICC出版局
沢登佳人他「性倒錯の世界」荒地出版社
安達正勝「ジョゼフィーヌ」白水社
「庄司淺水ノンフィクション著作集　全巻」三修社
塩野七生「イタリア遺聞」新潮社
パスカル・ディビ「寝室の文化史」青土社
ジャック・ソレ「性愛の社会史」人文書院
高階秀爾「ルネッサンス夜話」平凡社
福田和彦「世界性風俗じてん　上下」河出書房新社
ユーモア人間倶楽部「お洒落の達人」青春出版社
青木英夫「下着の流行史」雄山閣
春山行夫「エチケットの文化史」平凡社
春山行夫「おしゃれの文化史　全巻」平凡社
村上信彦「服装の歴史　全巻」理論社

エドゥアルト・フックス「完訳　風俗の歴史　全巻」角川書店
H・C・ツァンダー「西洋史こぼれ話」社会思想社
クロード・デュロン「大世紀を支えた女たち」白水社
エーリヒ・シャーケ「ヒトラーをめぐる女たち」TBSブリタニカ
ツヴァイク「メリー・スチュアート」みすず書房
三浦一郎「世界史のなかの女性たち」社会思想社
山崎洋子「歴史を騒がせた〝悪女〟たち」講談社
山崎洋子「〝伝説〟になった女たち」講談社
山崎純一「列女伝　歴史を変えた女たち」五月書房
塩野七生「愛の年代記」新潮社
髙橋彦明「心に残るヨーロッパの町」同文書院
小西章子「スペイン女王イサベルの栄光と悲劇」鎌倉書房
中田耕治「メディチ家の人びと」集英社
窪田般彌「ヴェルサイユの苑」白水社
ゲオルク・マルクス「うたかたの恋と墓泥棒」青山出版社
野島秀勝「迷宮の女たち」TBSブリタニカ
ロール・アドレル「パリと娼婦たち　1830—1930」河出書房新社
コリン・ウィルソン「世界犯罪百科　上下」青土社
石井美樹子「王妃エレアノール」朝日新聞社
リントン・ストレイチイ「ヴィクトリア女王」富山房
窪田般彌「物語マリー・アントワネット」白水社
H・R・ジョリッフ「ギリシア悲劇物語」白水社
高階秀爾「歴史のなかの女たち」文藝春秋
マイケル・ケント公妃マリー・クリスチーヌ「宮廷を彩った寵姫たち」時事通信社
小西章子「華麗なる二人の女王の闘い」鎌倉書房
コリン・ウィルソン他「殺人百科」彌生書房
中田耕治「淫蕩なる貴婦人の生涯」集英社
戸張規子「ルイ十四世と悲恋の女たち」人文書院
ルイ・ベルトラン「王朝の光と影」白水社
種村季弘「悪魔禮拝」青土社
吉田八岑「悪魔考」薔薇十字社
渡辺一夫「戦国明暗二人妃」中央公論社
アレクサンドル・デュマ「王妃マルゴ」河出書房新社
塩野七生「ルネサンスの女たち」中央公論社
M・フォーブス他「世界を騒がせた女たち」草思社
パウル・フリッシャウアー「世界風俗史　全巻」河出書房新社
ゲルハルト・アイク「中世騎士物語」白水社
桧山良昭「ポンパドール侯爵夫人殺人事件」中央公論社
駒田信二「世界の悪女たち」文藝春秋
浅水量介「ダイアナ　暗殺のセオリー」八幡書店
アンドリュー・モートン「ダイアナ妃の真実」早川書房
コリン・キャンベル卿夫人「ダイアナ妃」イースト・プレス
ジェームズ・ウィテカー「ダイアナvsチャールズ　最後の審判」新潮社

J・E・ニール「エリザベス女王　全巻」みすず書房
サム&チャック・ジアンカーナ「アメリカを葬った男」光文社
ロバート・F・スレイツァー「マリリン・モンロー他殺の証明」朝日新聞社
オットー・キーファー「古代ローマ風俗誌」桃源社
エドワード・ギボン「ローマ帝国衰亡史　全巻」筑摩書房
マリーア・ベロンチ「ルクレツィア・ボルジア」河出書房新社
塩野七生「チェーザレ・ボルジア　あるいは優雅なる冷酷」新潮社
I・モンタネッリ「ローマの歴史」中央公論社
秀村欣二「ネロ」中央公論社
アンソニー・サマーズ「マリリン・モンローの真実　上下」扶桑社
「世界の歴史　全巻」河出書房新社
コルネリウス・タキトゥス「年代記」岩波書店
クリス・スカー「ローマ皇帝歴代誌」創元社
ノルベルト・ヴァレンティーニ他「ベアトリーチェ・チェンチ」河出書房新社
ジェラール・ヴァルテル「ネロ」みすず書房
中田耕治「ルクレツィア・ボルジア　上下」集英社
エドウィン・ホイト「マリリン」角川書店
ジャン・クリスティアン・プチフィス「ルイ十四世宮廷毒殺事件」三省堂
P・ファンデンベルク「ネロ」河出書房新社
クレメンス・デビッド・ハイマン「ジャッキーという名の女」読売新聞社
澁澤幸子「ハーレムの女たち」集英社
アレヴ・リトル・クルーティエ「ハーレム」河出書房新社
「澁澤龍彦集成　全巻」桃源社
村松暎「中国列女伝」中央公論社
外山軍治「則天武后」中央公論社
村山孚「艶　中国妖女伝」学習研究社
寺尾善雄「中国悪党伝」河出書房新社
植村雅彦「エリザベス一世」教育社
澁澤龍彦「女のエピソード」ダイワアート
ユーモア人間倶楽部「猛女・悪女列伝」青春出版社
安西篤子「男を成功させた悪女たち」集英社
シュテファン・ツヴァイク「マリー・アントワネット　上下」角川書店
中野美代子「中国ペガソス列伝」中央公論社
マーガレット・ニコラス「恋の天才たち」社会思想社
森瑶子「美女たちの神話」講談社
ジャック・ジャンサン「恋するジョゼフィーヌ」中央公論社
スウェートニス「ローマ皇帝伝　上下」現代思潮社
W&A・デュラント「世界の歴史　全巻」日本ブッククラブ
トロワイヤ「女帝エカテリーナ」中央公論社
「歴史をつくる女たち　全巻」集英社
「世界の歴史　全巻」中央公論社
「知ってるつもり!　女帝伝説」日本テレビ
アンリ・カルヴェ「ナポレオン」白水社

長塚隆二「ナポレオン　上下」読売新聞社
ヴェルナー・マーザー「ヒトラー伝　全巻」サイマル出版会
ジョルジュ・ルノートル「ナポレオン秘話」白水社
ルノートル他「物語フランス革命史　全巻」白水社
A・カストロ「マリ・アントワネット」みすず書房
須永朝彦「黄昏のウィーン」新書館
コリン・ウィルソン他「世界醜聞劇場」青土社
ネリー・ブライ「ケネディ家の悪夢」扶桑社
マイケル・ジョン・サリバン「大統領の情事」JICC出版局
ロバート・D・モロー「ケネディ暗殺」原書房
江村洋「ハプスブルク家の女たち」講談社
江村洋「ハプスブルク家」講談社
川島ルミ子「フランス革命秘話」大修館書店
堀田宗路「ジョン・F・ケネディの謎」日本文芸社
須永朝彦「ルートヴィヒ二世」新書館
ジャン・デ・カール「狂王ルートヴィヒ」中央公論社
落合信彦「二〇三九年の真実　ケネディを撃った男たち」集英社
エイダ・ペトロヴァ他「ヒトラー最期の日々」原書房
トレヴァ・ローパー「ヒトラー最期の日々」筑摩書房
V・E・フランクル「夜と霧」みすず書房
ジョン・トーランド「アドルフ・ヒトラー」角川書店
ポール・ニコル「フランス革命」白水社
ハンス・バンクル「死の真相」新書館
菊池良生「ハプスブルク家の人々」新人物往来社
ユリイカ「特集　25人の恋人たち」青土社
富谷至「古代中国の刑罰」中央公論社
桐生操「王妃カトリーヌ・ド・メディチ」PHP研究所
桐生操「王妃アリエノール・ダキテーヌ」新書館
桐生操「公妃ディアヌ・ド・ポワチエ」新書館
桐生操「王妃マルグリット」ベネッセ・コーポレーション
桐生操「女王メアリ　血の死刑台」講談社
桐生操「エリザベート　血の伯爵夫人」講談社
別冊歴史読本「世界魔性のヒロイン」新人物往来社
別冊歴史読本「世界のプリンセス」新人物往来社
別冊歴史読本特別増刊「世界の王室と国王女王」新人物往来社
別冊歴史読本「世界王室スキャンダル」新人物往来社
歴史読本臨時増刊「世界謎の奇跡と大予言」新人物往来社
歴史読本ワールド「愛と悲劇のヒロイン」新人物往来社
歴史読本ワールド「ハプスブルク家とウィーン百科」新人物往来社
歴史読本ワールド「世界の女性史」新人物往来社
歴史読本ワールド「世界の女王たち」新人物往来社
歴史読本ワールド「魔性のヒロイン」新人物往来社
歴史読本ワールド「フランス革命とナポレオン」新人物往来社

圖書館出版品預行編目資料

界惡女大全／桐生操著；陸蘭芝譯.-- 初版.
- 臺北市：商周出版：家庭傳媒城邦公司發
亍, 民94

面； 公分（J-Link 01）

SBN 986-124-312-7（平裝）

. 婦女 - 傳記

.052 93022368

J-Link 01 世界惡女大全

原著書名／世界惡女大全
原出版者／文藝春秋
作者／桐生操
翻譯／陸蘭芝
責任編輯／簡敏麗
特約編輯／馬興國
發行人／何飛鵬
總經理／陳蕙慧
法律顧問／中天國際法律事務所 周奇杉律師
出版／商周出版
城邦文化事業股份有限公司
台北市中山區民生東路二段 141 號 9 樓
電話／(02) 2500-7008 傳眞／(02) 2500-7759
E-mail／bwp.service@cite.com.tw
發行／英屬蓋曼群島商家庭傳媒股份有限公司
城邦分公司
台北市中山區民生東路二段 141 號 2 樓
讀者服務專線／0800-020-299
服務時間／週一至週五：09:30～12:00
13:30～17:30
24 小時傳眞服務／02-2517-0999
讀者服務信箱 E-mail／cs@cite.com.tw
劃撥帳號／19833503 英屬蓋曼群島商家庭
傳媒股份有限公司 城邦分公司
香港發行所／城邦（香港）出版集團有限公司
香港灣仔軒尼詩道 235 號 3F
電話／(852) 25086231 傳眞／(852) 25789337
馬新發行所／城邦（馬新）出版集團
Cite (M) Sdn. Bhd. (458372 U)
11,Jalan 30D/146, Desa Tasik,Sungai Besi,
57000 Kuala Lumpur, Malaysia
電話／603-9056 3833 傳眞／603-9056 2833
E-mail／citekl@cite.com.tw
封面繪圖／石橋優美子
封面設計／呂德芬
印刷／鴻霖印刷傳媒事業有限公司
排版／浩瀚電腦排版股份有限公司
總經銷／農學社
電話／(02)29178022 傳眞／(02)29156275
□2005 年（民 94）2 月初版
售價／ 280元 Printed in Taiwan

請於此處用膠水黏貼

商周出版

讀者回函卡

謝謝您購買我們出版的書籍！請費心填寫此回函卡，我們將不定期寄上城邦集團最新的出版訊息。

姓名：____________________

性別：□男　□女

生日：西元 ________ 年 ________ 月 ________ 日

地址：____________________

聯絡電話：____________ 傳真：____________

E-mail：____________________

學歷：□1.小學 □2.國中 □3.高中 □4.大專 □5.研究所以上

職業：□1.學生 □2.軍公教 □3.服務 □4.金融 □5.製造 □6.資訊

□7.傳播 □8.自由業 □9.農漁牧 □10.家管 □11.退休

□12.其他 ____________

您從何種方式得知本書消息？

□1.書店□2.網路□3.報紙□4.雜誌□5.廣播 □6.電視 □7.親友推薦

□8.其他 ____________

您通常以何種方式購書？

□1.書店□2.網路□3.傳真訂購□4.郵局劃撥 □5.其他 ________

您喜歡閱讀哪些類別的書籍？

□1.財經商業□2.自然科學 □3.歷史□4.法律□5.文學□6.休閒旅遊

□7.小說□8.人物傳記□9.生活、勵志□10.其他 ________

對我們的建議：____________________

____

____

____

請於此處用膠水黏貼

商周出版

廣告回函
台灣北區郵政管理登記證
台北廣字第000791號
郵資已付，免貼郵票

104 台北市民生東路二段141號2樓

英屬蓋曼群島商家庭傳媒股份有限公司城邦分公司 收

請沿虛線對摺，謝謝！

商周出版

書號： BD7001 **書名：** 世界惡女大全